연봉**10**배 올리는 공부법

10연봉 배울리는 공부법

카츠마 카즈요 지음 | 나지윤 옮김

말·글빛냄

공부를 지속할 수 있는 방법을 알면 누구나 연봉을 올릴 수 있다!

연 봉
1 0
올 리 는
배

머리말

공 ·부 법

　나, 카츠마 카즈요는 일본 역사상 최연소로 공인회계사 시험에 합격한 공부의 달인이다. 당시 내 나이 19세였다. 나는 이외에도 다양한 자격 시험에 합격하고 뛰어난 영어 실력을 지니고 있는데 이 책을 통해 나만의 공부법을 들려주려 한다. 학생은 물론 직장인을 위한 효율적인 공부법을 소개해 모든 사람이 꿈을 달성할 수 있기를 기원한다.

내가 이룩한 공부의 열매들

· 사상 최연소로 공인회계사 합격(합격률 6%).

· 중소기업진단사 합격(합격률 4%).

· 온라인 정보처리기술사 합격(합격률 4%)
 (위 두 개의 자격 시험은 단 한 번의 시도로 합격됨).

· 대학 졸업 당시 420점이었던 TOEIC 점수를 취직 후 3년 만에
 900점으로 향상.

· 증권분석사 업무를 하면서 직장인 대학원에서 금융 MBA 취득.

· 2007년 박사 과정 진학.

공인회계사 시험에 합격한 후, 나는 직장 업무와 집안일을 병행해야만 했다. 실적을 쌓아야 한다는 부담과 시간적 여유가 절대적으로 부족했지만 그런 것들은 내게 있어 전혀 문제가 되지 않았다. 두 가지 역할을 수행하는 16년 동안 내 수입은 매년 26%씩 증가했고, 연봉은 자그마치 10배가 올랐다!

오늘날 하루하루를 치열하게 살아가는 직장인들에게 자신을 향상시키는 것이 얼마나 중요한 일인지는 일일이 그 이유를 열거하지

않더라도 누구나 알고 있는 자명한 사실이다. 물론 내가 연봉을 10배나 올렸다는 사실에 새삼 놀라워할 직장인들이 많을 것이라 생각한다. 하지만 놀라워할 필요 없다. 아니, 놀라지 않길 바란다. 내가 이루어낸 성과들은 결코 불가능한 일이 아니기 때문이다. 이것은 누구나 가능하며, 이 책을 읽고 있는 여러분에게 조금 더 가까이 다가온, 충분히 이룰 수 있는 일이다.

공부를 하는 데 있어서 가장 중요한 것은 공부의 내용이 아니다. 공부를 꾸준히 지속할 수 있는 구조를 만드는 것과, 그 의욕을 불러일으키는 것이다. 만약 내가 다른 사람들보다 좀 더 나은 점이 있었다면, 그러한 구조를 만들고 의욕을 불러일으키는 능력이었을 것이다. 나는 남들이 미처 터득하지 못한 그 방법을 운 좋게도 깨달았고, 이러한 공부법을 많은 직장인들과 나누고자 한다.

'공부하는 구조를 만드는 방법'과 '의욕을 불러일으키는 비결'이 담겨 있는 이 책은 누구나 자신만의 공부법을 만들고, 그 공부를 통해 각자가 목표로 한 도착지에 다다를 수 있는 길을 제시한다. 우리의 가능성은 무한하다. 망설이지 말고 지금 당장 시작하라!

연봉을 10배 향상시키는 비결 ❶
공부의 내용보다는 지속할 수 있는 구조를 만들어라

공부를 지속하지 못하는 이유는 무엇인가?

직장인의 최대 문제점인 공부를 방해하는 '적'은 무엇일까? 답은 '동기'가 없다는 것이다. 공부할 마음이 생겨도 너무 바쁘기 때문에 웬만해서는 공부를 하려는 동기를 지속시키지 못한다.

그렇다면 공부를 지속하도록 하려면 어떻게 해야 할까? 그 답은 매우 간단하다. 공부를 하면 할수록 점점 더 행복해진다는 사실을 명심하는 것이다. 어떻게 하면 그렇게 될까? 이 역시 간단하다. 공부를 함으로써 연봉이 눈에 띄게 올라가도록 하면 된다. 다시 말해 연봉 인상과 관련된 공부를 하면 된다. 각종 조사에 따르면 1,500만 엔(원화: 1억 2천만 원) 이상의 연봉을 받게 되면 연봉과 행복감 사이에 정비례 관계가 있다는 것이 밝혀졌다. 즉 연봉이 올라가면 행복감도 상승한다는 것이다. 그것을 '행복의 경제학'이라고 부른다.

　따라서 행복해지고 싶다면 연봉을 올려야 한다. 연봉을 올리는 가장 빠른 길은 연봉 인상과 관련된 공부를 함으로써 실제적인 성과를 내는 것이다. 만약 공부한 내용을 직장에서 활용하기 어렵다면 자산 운용으로 공부의 성과를 내는 방법도 있다. 이렇게 공부한 것을 경제 분야에서 활용하기로 마음먹는다면 매일 읽는 신문이나 잡지를 읽는 태도도 변한다.

　"공부하면 할수록 행복해진다"는 체험을 하게 되면 무리한 목표를 세우지 않고 틈틈이 짬을 내 공부하는 습관이 들게 된다. 익숙하지 않은 사람은 의아하게 들릴지도 모르지만 안심해도 된다. 내 말을 믿어라. 효율적인 공부법과 그것을 활용한 수입의 증가는 마치 스포츠와도 같다. 단단한 기초 체력을 기른 후 수준 높은 지도를 받으면 누구라도 성과를 낼 수 있기 때문이다.

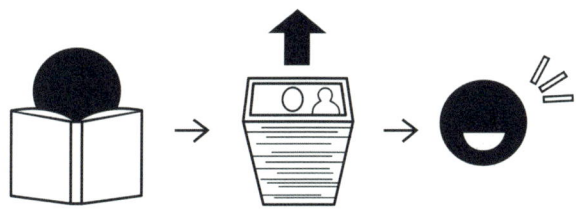

연봉을 10배 향상시키는 비결 **2**
공부할수록 행복해져야 한다

능력 향상을 위한 공부와 교양을 위한 공부는 다르다

분명히 당부하고 싶은 것은 같은 공부라도 능력 향상을 위한 공부와 교양을 위한 공부는 다르다는 점이다. 연봉 인상으로 직결되고 지속적인 동기부여가 필요한 것은 당연히 능력을 향상시키는 공부이다. 그러기 위해서는 우선 기초 실력을 향상시켜야 한다. 기초 없이 교양을 공부하면 교양 있는 사람은 될지언정 연봉이 올라가지는 않는다.

일반적으로 어렸을 때 우등생이었던 사람은 교양을 위한 공부에 열중하기 마련이다. 하지만 결국 직장에서는 별로 쓸모가 없는 만물박사가 될 뿐이다. 그것은 기초적인 토대 없이 지식만을 억지로 주입했기 때문에 내용이 체계화되지 않고 적응력도 생기지 않는다. 그동안 배운 지식이 지금 하는 업무와 관련이 없다면 주위 사람들의 눈에는 단지 잡다한 지식으로밖에는 비춰지지 않는다.

그렇다면 직장인에게 교양을 위한 공부는 필요 없다는 뜻인가? 물론 그렇지는 않다. 일정한 수준 이상의 기초가 갖춰지면 그 다음에는 반드시 교양적 지식이 필요하다. 기초만 끝없이 배우는 것이 아니라 장래를 예측하기 위한 역사, 새로운 세계를 발견하기 위한 문화 나아가 예술, 인문, 철학 등의 교양을 쌓기 위한 공부도 매우 중요하다.

모든 공부에 공통되는 다섯 가지 요령

이 책에서는 주로 기초적인 기술을 익히는 방법을 설명한다. 모든 공부에 공통되는 구체적인 방법은 다음과 같다. 우선 공부를 하기 위한 구조를 알아야 한다.

- 간단한 인풋 구조: 속독, 자투리 시간 및 귀를 활용하는 방법, 컴퓨터, MP3, 좋은 교재와 강좌 등을 찾는 것.
- 능숙한 아웃풋 구조: 공부한 결과를 측정하는 구조. 빠른 키워드 입력, 마인드 맵, 블로그의 활용 등.
- 연봉 인상과 직결되는 구체적인 지식 구조: 영어, IT, 회계, 경제, 자산운용법 등을 배우고 활용하기.

또한 어떤 공부를 하더라도 다음과 같이 공통되는 다섯 가지 요령이 있다.

1) 처음에는 기초를 철저히 배운다.
2) 경험자에게 공부의 비결을 묻는다.
3) 공부할 대상의 기본 사상을 이해한다.
4) 공부한 것을 자신의 말로 바꾼다.
5) 공부를 즐겨라.

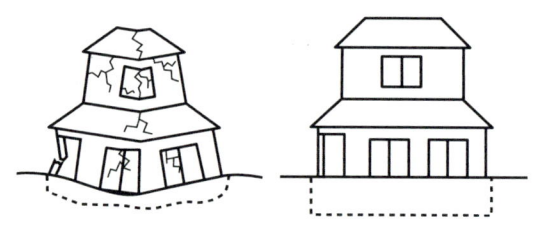

연봉을 10배 향상시키는 비결 ③
집을 짓건 공부를 하건 기초가 중요하다

공부에 익숙해지는 습관화가 필요하다

공부는 스포츠와 마찬가지로 약간의 '요령'이 필요하다. 그러나 어떤 스포츠에서도 자신이 지닌 실력을 발휘하기 위해서는 단순한 훈련을 꾸준히 반복할 필요가 있다. 물론 처음 단계에서는 큰 성과가 나오지 않는다. 그래서 대부분의 사람들은 훈련과 연습에 질려 쉽게 포기한다.

공부도 마찬가지다. 아무런 계획도 없이 혼자서 독학으로 시작하면 기초 쌓는 단계를 넘어서지 못한다. 이는 단지 의지가 강하거나 약한 것의 문제가 아니다. 사실 인간이 가진 의지력은 전혀 믿을 것이 못된다. 공부든 스포츠든 눈에 띄는 성과를 내기까지는 어느 정도 시간이 걸린다. 하지만 애초부터 인간이란 천천히 성과가 드러나는 것보다는 눈앞에 닥친 현실적인 문제를 우선하게 되어 있다.

게다가 인간의 마음이란 것은 수개월 후의 성과를 오늘 그 자리에서 느끼면서 목표를 향해 나아가기가 불가능하다. 수개월 후의 일보다는 지금 당장 즐길 수 있는 일이나 상황, 가시적인 성과 등 즉각적인 것을 찾으려 한다. 이는 이미 다양한 실험을 통해서도 입증된 사실이다. 그런 이유는 먼 옛날 인류가 수렵이나 채집 생활을 할 때, 생존하기 위해 당장 눈앞에 있는 문제와 욕구를 해결하도록 본능적으로 길들여졌기 때문이다. 그 시절에 유효했던 구조가 지금은 인간의 발전에 커다란 장애물이 되고 있는 것이다. 이 때문에 인간이 눈앞에 놓인 일을 우선하는 구조를 깨뜨리기 위해서는 상당히 강도가 높은 규칙이 필요하다.

연봉을 1o배 향상시키는 비결 ④
노력이나 의지보다는 도구와 구조가 필요하다

결국, 공부를 꾸준히 지속하여 연봉을 향상시키는 구체적인 방법이 필요하고, 자신을 다그칠 규칙을 세우고 습관화하는 방법이 있어야 한다.

수입의 5~10%를 공부법을 배우는 것에 투자하라

세상에는 스포츠를 배울 수 있는 스포츠 교실은 많지만 공부법을 가르쳐주는 교실은 거의 없다. 예를 들어, 기초가 튼튼한 프로야구

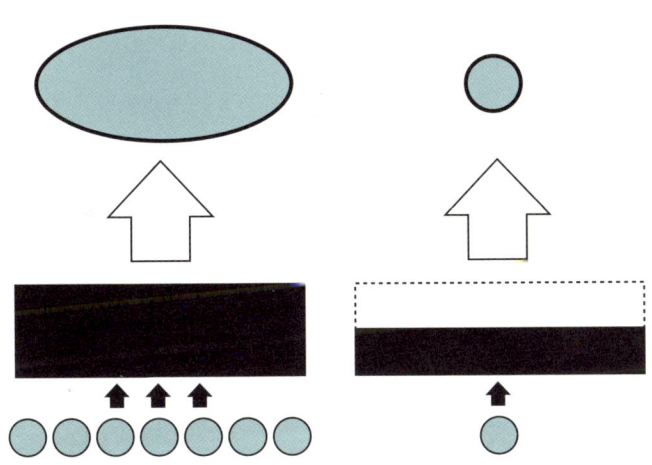

공부든 투자든 많으면 많을수록 돌아오는 것도 많다

선수는 지금 바로 골프를 시작해도 보통 이상은 칠 수 있다. 이처럼
단 한 번만 공부의 기초를 몸에 익혀두면 어떤 자격 시험이나 영업
화술, 영어 회화, 엑셀의 매크로 작업, 편집 작업도 능숙히 처리할
수 있게 된다.

이것이야말로 필자가 공인회계사 시험, 온라인 정보처리기술사 시험, TOEIC 등 언뜻 보기에 전혀 관련이 없는 분야에서 단기간에 실력을 향상시킨 비결이다. 물론 이런 구조는 손쉽게 만들 수 있는 것은 아니다. 어떤 일이든 돈과 시간이 소요되며, 학원 강좌를 통해 배워야 하는 것들도 있다. 그러므로 배움을 위해서는 비용을 아까워해서는 안 된다. 수입의 약 5~10%를 공부법을 배우기 위해 투자한다면 반드시 다섯 배 이상의 성과가 되돌아온다.

이 책에서는 구체적으로 어떻게 하면 공부의 구조를 만들고 기초능력을 향상시킬 수 있는지, 그리고 어떻게 하면 1년에 평균 26%, 즉 16년 동안 연봉을 10배로 끌어올릴 수 있는지 나의 노하우를 자세히 소개한다.

카츠마 카즈요

CONTENTS

11장 영어, TOEIC 860을 노려라　　　127

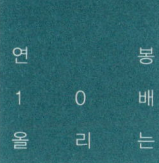

연 봉
1 0 배
올 리 는

기초편

공 부 법

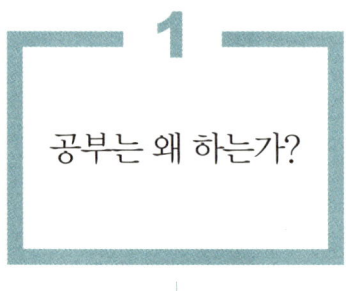

공부는 왜 하는가?

행복해지려면 공부를 하라 · 독립적인 자유인이 되려면 공부를 하라
사회의 흐름에 적응하려면 공부를 하라 · 공부는 행복해지기 위한 선행투자이다

행복해지려면 공부를 하라

머리말에서 밝힌 것처럼 공부는 행복해지기 위해 해야 한다. 공부를 해야 연봉을 올릴 수 있고, 돈이 있어야 정신적으로 안정되며 가정의 불화도 줄어든다. 또 빈부 격차가 큰 사회를 살아가려면 공부를 해야 한다. 나아가 연봉이 인상되면 자신과 자녀들의 미래를 위해 투자가 가능하므로 현재뿐만 아니라 미래도 행복해질 확률이 높다.

최근 우리 사회에 빈부 격차와 가난의 대물림 등이 자주 언급되고 있다. 그런데 이것의 근본적인 원인은 교육 투자, 즉 공부를 했느냐 안 했느냐에 따라 크게 달라진다. 결국 공부를 지속해야 하는 이유는 자신뿐만 아니라 자녀들의 행복을 위해서도 반드시 필요하며, 우리 사회의 구조를 더 긍정적인 것으로 바꾸기 위해서도 필요하다.

공부를 했느냐 안 했느냐에 따라 계급이 결정되고, 또 대물림되는 구조를 직접적으로 실감해 본 사람과 그렇지 않은 사람 사이에는 공부에 대한 가치관과 우선순위가 달라진다. 공부를 하면 연봉이 올라간다는 것을 한 번이라도 실감한 사람이라면 마음을 단단히 먹고 공부할 것이다. 결국 여기서 차이가 또 생겨나고 계급의 대물림도 시간이 지날수록 더욱 확고해진다. 공부를 한다는 것은 이 같은 계급

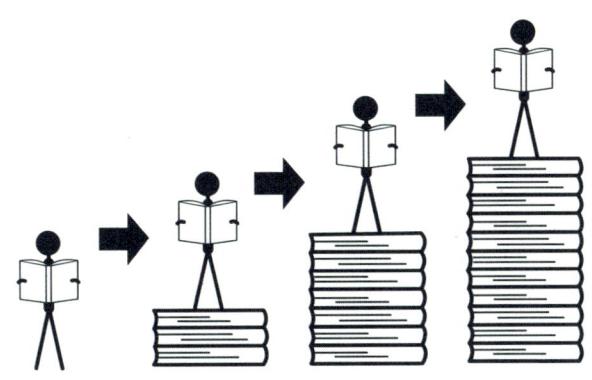

연봉을 10배 향상시키는 비결 ❻
공부를 하느냐 안 하느냐에 따라 계급이 대물림된다

사회를 지혜롭게 헤쳐나가는 최고의 방법이다.

아이들은 부모의 모습을 보고 배운다. 공부하는 습관은 가정의 가풍, 전통이 된다. 이런 사실은 많은 사회학자들의 연구 보고를 통해서도 입증되었다. 그러므로 지금 당신이 열심히 공부하면 아이들도 그 모습을 보고 공부를 하게 된다.

독립적인 자유인이 되려면 공부를 하라

독립적인 자유인이 되기 위해서도 공부는 필요하다. 자유인이라면,

- 스스로 자신을 책임지고
- 경제적으로 자립되어 있으며
- 자신의 의사를 당당히 밝힐 수 있다.

이것이 불가능하다면 개인은 형식적으로 존재할 뿐 실제로는 집단에 구속되어 있을 뿐이다.

따라서 '독립적인 자유인'이 아니라 하더라도 최소한 '독립적인 직장인'이라는 의식을 가지려면 공부를 해야 한다. 원래 기업의 부조리한 관례들, 즉 분식회계나 유효 기간이 지난 상품의 판매, 원산

지 속임수, 불량상품의 판매 등이 끊임없이 발생하는 이유는 사원들이 자유인이 아니기 때문이다. 만약 사원이 경제적으로 독립할 자신이 있고 기업에 구속되어 있지 않다면 회사나 상사에게 당당히 "노!"라고 말할 수 있다.

사회의 흐름에 적응하려면 공부를 하라

공부가 필요한 이유로 자유인으로 존재하는 것 이외에도 사회와의 관계도 중요하다. 세계 어디를 가든 항상 누군가는 공부를 하고 있기 때문이다. 사회는 점점 더 발전하고 변하고 있다. 어제와 다른 오늘, 그 오늘을 살아가기 위해 공부하지 않으면 사회에서 자연스럽게 도태된다.

대부분의 나이 든 사람들의 이야기가 지루하고 장황하며 재미없는 이유는 그들이 공부를 중단했기 때문에 지식과 가치관이 고착화되어 있기 때문이다. 반대로 교양 있는 사람이나 공부를 지속하는 사람은 60대, 70대가 되어도 항상 신선한 감각을 갖고 있기 때문에 대화를 나누면 즐겁다.

공부하지 않은 채 그저 나이를 먹어가고, 자신의 자녀, 손자, 후배들에게 지루하고 도태된 늙은이로 여겨진다는 것은 상상만 해도 끔찍하지 않은가?

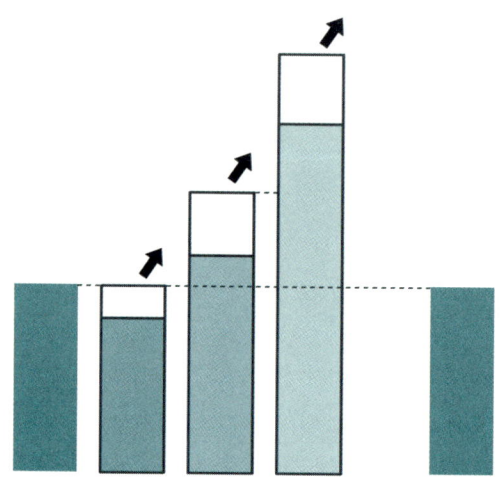

연봉을 1o배 향상시키는 비결 **7**
공부하는 사람과 공부하지 않는 사람의 격차는 점점 더 벌어진다

공부는 행복해지기 위한 선행투자이다

이처럼 공부를 하는 작은 노력으로도 큰 차이를 만들어낼 수 있다.
공부하는 사람은 연봉이 높아지므로 그 다음 단계의 공부에 재투자
할 수 있다. 그러면 더욱 효율적인 공부를 할 수 있기 때문에 연봉이
올라갈수록 또 다음 공부에 투자하는 선순환이 이루어진다.

하지만 공부하지 않는 사람은 연봉이 올라가지 않으므로 점점 공
부에 대한 투자가 인색해진다. 그 결과 공부에 투자하는 사람과의

격차가 더욱 심해지는 악순환이 되풀이된다.

이를 정리해 보면, 공부는 행복해지기 위해 반드시 필요한 투자이다. 기업이 설비나 신제품 개발에 선행투자를 하지 않으면 도태되는 것처럼, 직장인도 자신에 대한 투자를 게을리하면 사회에서 낙오된다. 그 낙오를 피하는 가장 확실한 방법은 '공부'이다.

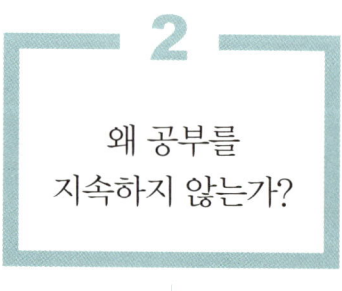

2

왜 공부를
지속하지 않는가?

공부하지 않은 결과는 반드시 되돌아온다
필연성에 기초하여 지속할 수 있는 구조를 만든다

그렇다면 공부가 이렇게 중요한데도 대부분의 사람들이 지속하지
못하는 까닭은 무엇일까?

공부하지 않은 결과는 반드시 되돌아온다

그 이유는 바로 동기부여의 문제이다. 오늘 공부하지 않았다고 해
서 내일 바로 연봉이 내려간다거나 회사에서 해고되지는 않는다. 이
때문에 게으름을 피우게 되는 것이다. 시작할 때는 결심을 굳게 다

지고 교재를 사거나 영어회화 학원에 등록하지만 작심삼일만에 중단하고 마는 이유이다. 사람이라면 어쩔 수 없는 행동이다.

공부는 연간 단위로 해야 한다. 운동을 게을리하거나 규칙적인 식생활을 하지 않은 결과로 나타나는 대사이상 증후군처럼 나쁜 결과는 훗날 반드시 되돌아온다. 어느 날 갑자기 해고된다거나 좀처럼 연봉이 오르지 않는 것이다. 또한 이직할 곳을 찾아봐도 전혀 취업이 되지 않는다. 막상 상황이 닥치면 때는 이미 늦은 것이다.

필연성에 기초하여 지속할 수 있는 구조를 만든다

공부를 할 필연성이 없으면 그 누구도 지속하지 못한다. 나도 예전에 중국어를 공부하려고 한 적이 있었다. 하지만 도중에 중단하고 말았다. 왜냐하면 중국어를 공부해야 할 필연성을 전혀 만들지 못했기 때문이다. 이는 상당히 단순한 법칙인데, 공부를 지속하는 필연성을 만들지 못하면 그 공부는 반드시 중단되고 만다.

1) 회사의 강제적 방침을 활용하라

나는 온라인 정보처리기술사 시험과 중소기업 진단사 시험을 치러 합격했다. 그런데 내가 이 두 가지 시험을 치른 이유는 당시 내가 속해 있던 시스템 컨설팅 부서에서 강요했기 때문이었다. 그게 아니

37

었더라면 나는 회계사 자격증이 있었으므로 자발적으로 시험을 보려 하지 않았을 것이다.

회사에서 강제로 시험을 치르도록 하는 방침은 직장인에게 큰 도움이 된다. 시험을 치르기 위한 비용에서부터 등록비까지 전부(혹은 일부라도) 회사가 지불해주니 말이다. 게다가 자격증을 따면 승진도 쉬워진다. 회사 내에서 많은 사원들이 치르기 때문에 떨어지면 창피하기도 하다. 그 때문에 중단할 수가 없다. 이것이 내가 중국어 공부를 중도에 그만둔 이유와 다른 차이점이다.

회사가 강제적으로 보게 하는 자격 시험일 경우, 처음에는 자비로 비용을 지불하지만 자격증을 취득하면 회사가 반환해주거나 자격에 따른 수당을 지급하는 경우가 많다. 결국 시험을 치러 합격하지 않으면 연봉이 올라가지 않을 뿐 아니라 지금 당장 경제적으로도 손해를 본다. 연봉을 올리기 위해서만이 아니라 비용을 줄인다는 생각만해도 공부를 지속할 동기는 충분하다.

2) 성과를 확실히 평가할 수 있는 보상제도를 준비하라

인간은 무형의 것, 그것도 미래의 일을 상상하거나 계산하는 데에는 매우 서툰 존재이다. 따라서 이를 알기 쉬운 가치, 예를 들어 돈이라든가 진급이라든가, 수치 등으로 환산하는 것이다. 그러면 열심히 하게 된다.

연봉 10배 올리는 공부법

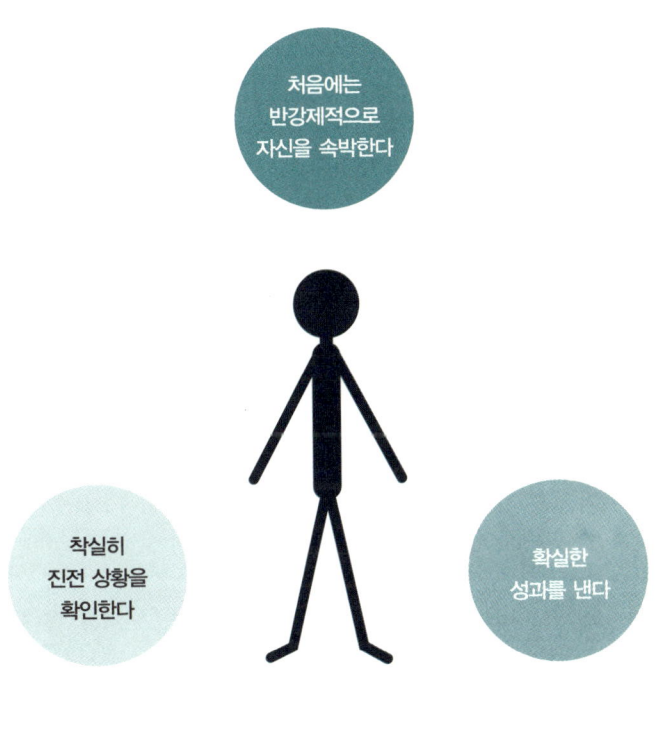

처음에는
반강제적으로
자신을 속박한다

착실히
진전 상황을
확인한다

확실한
성과를 낸다

연봉을 10배 향상시키는 비결 ❽
공부를 지속할 수 있는 구조를 만들어라

    알기 쉬운 보상제도가 있다면 유리하다. 예를 들어 어느 회사처럼 TOEFL의 경우, 750점 이상이 아니면 해외 출장을 보내지 않는다거나 하는 방침도 좋은 보상제도가 된다. 직장인들이 공부를 지속하기 어려운 이유는 학교에 다닐 때의 시험이나 성적표, 입사시험 등과 같은 알기 쉬운 보상제도가 없기 때문이다. 있다 하더라도 실감하기

39

어려운 것들이 대부분이다.

　보상제도가 왜 동기를 부여하는지는 에밀크로니클이라는 RPG 게임을 생각하면 금방 알 수 있다. RPG 게임의 인기가 하늘을 찌르는 이유는 무엇일까? 히트 포인트나 매직 포인트, 마법의 스펠 수 등이 점점 올라가면, 이에 따라 캐릭터가 점차 성장한다. 이를 알기 때문에 사람들은 게임에 빠져들고 중독된다. 공부도 마찬가지다. 공부를 RPG 게임이라고 생각해 보라. 공부를 지속하면 캐릭터가 아닌 자기 자신이 점점 성장해 가는 것을 느끼게 된다. 예를 들어 열심히 영어 공부를 하고 있는데 상사가 "자네, 영어 실력이 부쩍 늘었군!"이라고 말하면 그 효과가 매우 크다.

　자격증도 마찬가지이다. 우선 기초 능력을 향상시켜야 한다. 원하는 공부를 할 수 있는 단계에 오를 때까지는 결과를 내기 쉽고 이해하기 쉬운 것부터 하면 된다. 영어 공부를 할 계획이라면 실용영어보다는 TOEIC을 추천하고 싶다. 점수가 매우 구체적으로 나타나고, 공부를 한 만큼 그 수치가 올라가므로 실용영어보다 결과를 더 쉽게 측정할 수 있기 때문이다. 하지만 이 경우 매번 시험을 보면 수험료만도 상당한 부담이 되기 때문에 CD-ROM에 첨부된 모의 시험을 통해 향상 정도를 측정해보는 것도 하나의 방법이다.

　인간은 그 어떤 결과가 눈앞에 나타나지 않으면 의욕이 꺾인다. 이것은 당신의 잘못이 아니다. 의욕을 고취하기 위한 구조를 만들지 않으면 공부는 지속하기 어렵다. 의지력만으로 "어떻게든 되겠지"라고 낙관해서는 안 된다는 뜻이다.

3) 어느 정도 투자를 함으로써 자신을 속박하라

회사의 강제적 방침을 활용한다거나, 성과를 수치로 측정할 수 있는 공부를 하는 것 이외에 공부를 지속할 수 있는 방법이 또 있다. 투자를 하는 것이다. 교재를 구입하거나 강좌를 신청하는 등, 어느 정도 경제적 투자를 함으로써 자신을 속박하는 방법이다.

원래 인터넷이나 방송을 통한 교육은 본인의 의지가 강하지 않으면 지속하기 어렵다. 이 때문에 직접 학원에 다니면서 배우는 것이 공부를 지속할 수 있는 효과적인 방법이다. 정기적으로 배우러 다니는 시간을 만들면 그 시간만큼은 공부하는 장소에 속박되기 때문에 어쩔 수 없이 그 시간만큼은 공부를 하게 된다.

4) 공부의 성과를 확실히 활용하라

공부의 첫걸음은 지속해나갈 수 있는 구조를 만드는 것이다. 꾸준히 지속해나가지 않으면 절대로 효과가 나지 않는다. 하지만 서점에 나와 있는 공부법에 관한 책들은 대부분 의지력이 강한 사람들만이 할 수 있는 방법들을 소개하고 있다. 필자는 노력도 의지도 신뢰하지 않는다. 만약 노력을 할 것이라면 공부하려고 노력할 게 아니라,

공부하는 구조를 만들기 위해 노력을 해야 한다.

그런 구조를 만들고자 할 때 회사가 매우 도움이 된다. 트레이닝을 시켜주고, 연수비용을 지원해주며, 공부를 강제하고, 심지어 날마다 '업무 과제'를 주면서 공부의 성과를 측정할 수 있게 해주기 때문이다. 회사가 돈도 주고 공부도 시켜주는 고마운 장소라고 생각하는 것이 자신에게 유익하다. 그러면 신입사원으로 첫 직장을 선택하거나 경력사원으로서 다른 직장으로 옮길 때에도, 가능한 한 공부를 시켜주는 직장을 선택하게 되고 공부를 지속할 수 있다.

단, 여기서 주의해야 할 점은 회사는 학교가 아니라는 사실이다. 학생들이 학교에 왜 돈을 지불하는가? 바로 공부를 할 수 있게 해주기 때문이다. 회사는 오히려 돈을 주면서 공부를 시켜주기 때문에 사원은 성과를 내서 회사에 보답해야 한다. 회사로부터 연수비용이나 연수휴가를 받아 공부만 하고 성과를 내지 못하는 사람은 단순한 공부벌레일 뿐이지 존재 가치는 없다.

회사는 사원을 위해 공부를 강제하거나 등록할 수 있는 학원을 지정해주고 진척 상황을 측정하는 등 공부를 지속할 수 있는 구조를 만들어야 한다. 또 공부의 결과를 실제적으로 활용할 수 있는 일련의 흐름을 만들어야 한다. 이것이 공부를 지속할 수 있는 가장 첫 번째 단계이다.

지금까지 내가 소개한 것은 어디까지나 공부를 지속하기 위한 시작 단계에 불과하다. 그렇다면 막상 공부를 시작할 경우 어떻게 효율적으로 공부하고 성과를 낼 수 있는지 그 구조를 만드는 자세한 노하우를 설명하겠다.

3

먼저
도구를 마련하라

'서재를 들고 다니는' 구조를 만들어라
총정리

'서재를 들고 다니는' 구조를 만들어라

직장인이 공부를 지속하기 위해 중요한 것은 노력이나 의지력이
아니라고 앞에서 이야기했다. 공부를 꾸준히 지속하도록 하는 '구
조'를 만드는 것이다. 이 장에서는 그 중의 하나인 '서재를 들고 다
니는' 구조에 대해 설명하려고 한다.

직장인이 공부를 지속하기 힘든 이유는 공부가 본업이던 학창 시
절과는 달리 막상 공부하려 해도 시간이 없는 것이 첫 번째 이유이

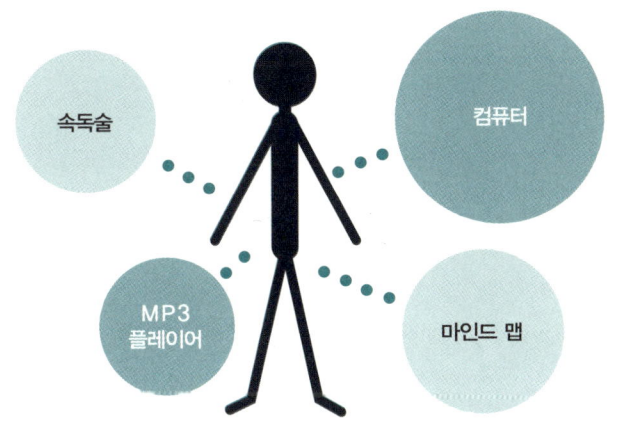

속독술

컴퓨터

MP3
플레이어

마인드 맵

다. 이것뿐만 아니라 집에 돌아가도 공부할 서재가 없다. 다시 말해
공부할 장소가 없는 것이다. 예전 같으면 자신의 공부방이나 도서관
에 틀어박혀 종이와 펜으로 공부를 했다. 그것이 여의치 않으면 종
이와 펜, 책을 들고 다니며 니노미야 킨지로(궁핍한 농민의 아들로
태어나 일을 하면서도 언제나 책을 읽어, 후에 일본 교육의 기초를
세운 인물. 대부분의 일본 초등학교에 그의 동상이 세워져 있다)처
럼 일하면서 중간 중간에 짬을 내 공부했을지 모른다. 현재 팔리고
있는 공부법을 다룬 많은 책들도 이것과 별반 다르지 않다.

하지만 이제는 IT 환경이 정착되었다. 컴퓨터나 MP3 플레이어, 블로그 등 종이나 펜보다 수십 배는 효율적으로 공부할 수 있는 다양한 수단이 생겨났다는 말이다. 가속학습이라는 방식도 있는데 그 중의 하나인 속독법도 이제는 일반화되었다. 만원 지하철에서는 MP3 플레이어로 영어 공부를 하고, 자투리 시간에는 무선 랜이 연결된 지하철 역 벤치에서 컴퓨터로 공부할 수 있게 되었다. 말 그대로 서재를 들고 다니게 된 것이다.

종이와 펜으로는 번거로워 지속하지 못하던 공부를 편리한 도구를 사용하여 꾸준하고 효율적으로 지속해나갈 수 있는 방법이 마련된 것이다. 먼저 이 '서재'라는 새로운 도구를 준비한 뒤 공부를 지속할 수 있는 환경을 만들어보자.

1) 노트북을 장만하라

전용 컴퓨터를 준비하라　어릴 때 학교 책상에 앉으면 왠지 모르게 공부해야 한다는 기분이 들지 않았는가? '서재를 들고 다니기'에서는 노트북이 그런 역할을 한다. 집이나 회사, 역, 출장지 어디서든 컴퓨터를 열면 즉시 공부할 수 있는 환경이 만들어진다. 공부를 하려면 대부분 사전이나 책을 들고 다녀야 하는데, 그런 느낌으로 항상 컴퓨터를 휴대하는 것이다.

연봉을 10배 향상시키는 비결 ❿
자기 전용의 컴퓨터를 보조 뇌로 활용하라

가능하면 가족과 공용으로 쓰지 않는 자신만의 전용 노트북을 준비하는 것이 좋다. 또 1kg 정도의 가벼운 것이 좋다. 전용 컴퓨터는 지금부터 정보를 수집하는 창구가 되고, 공부의 성과를 기록하는 블로그의 장소가 되며, MP3로 다운로드를 받기 위한 저장고이고, 배운 내용을 필기하는 마인드 맵이 된다. 즉 당신의 '보조 뇌'의 역할을 하는 것이다(노트북의 선택과 활용 방법은 〔부록〕을 참조하라).

휴대전화는 피하라   요즘엔 위와 같은 역할을 하는 수단으로 휴대전화를 이용하는 사람들이 많다. 휴대전화의 화면은 대개 2~3인치에 불과하다. 이에 비해 노트북은 13~15인치 정도이니 한 번에 취급하는 정보량이 전혀 다르다. 종이와 펜으로 하는 공부가 도보라면, 휴대전화는 자전거, 노트북은 스포츠카와도 같다. 이들이 목표 지점을 향해 달리는 속도는 천지 차이이다.

노트북을 자신의 보조 뇌로 사용하라　　오늘날 컴퓨터 없이 일하는 회사는 없다. 분명히 모든 직장에서는 자기 전용 컴퓨터가 있을 것이다. 이처럼 필수불가결한 컴퓨터가 개인 생활과 공부에서도 필요하지 않을 리 없다.

컴퓨터는 다음에 설명하는 마인드 맵이라 부르는 방법으로 공부의 성과를 기록하거나, 수업시간에 필기하고 중요한 사항을 블로그에 정리할 때도 사용할 수 있다. 또한 배운 것을 활용하여 업무 제안서, 보고서, 견적서, 자료 등을 워드로 정리할 때나 오디오북으로 사용할 때에도 필수적이다.

컴퓨터는 능력을 향상시키기 위한 공부를 하기 위해, 또는 정보의 수집과 처리 및 기록을 위한 공부의 도구로 없어서는 안 될 필수품이다. 앞서 노트북이 자신의 보조 뇌라고 표현했다. 그런데 컴퓨터를 보조 뇌로 활용하면 자신의 뇌를 쓸데없는 기억에 낭비하지 않고 오로지 생각을 위해서만 활용할 수 있다.

또한 컴퓨터에는 인터넷이 있다. 나의 경우 이메일은 전부 구글의

Gmail로 설정해놓았다. 구글은 무료로 제공하는 웹 메일 사이트이며 검색 기능이 탑재되어 있기 때문에 보관된 이메일을 손쉽게 검색할 수 있다. 대략 2년 치의 메일을 2기가 용량의 구글 메일 박스에 보관할 수 있다.

이 때문에 통신 기능이 있는 노트북이라면 단지 키워드를 넣기만 해도 예전의 이메일 중에서 자신도 잊고 있던 중요한 내용을 신속히 검색할 수 있다. 이제는 누구나 구글에 등록할 수 있다.

직장에 있는 컴퓨터나 가정에서 가족들이 함께 사용하는 컴퓨터로는 마음껏 여러 정보를 검색하기 어렵다. 따라서 자신이 전용으로 사용할 컴퓨터를 먼저 장만해야 한다.

2) 속독술로 성과를 5배 빨리 내라

글을 읽는 속도가 느리면 공부를 지속하기 어렵다   무슨 공부를 하든 많은 양의 글자를 읽어야 한다. 이는 인쇄된 활자를 읽든 컴퓨터나 화이트 보드에 쓰여 있는 글을 읽든 마찬가지이다. 이 때 읽는 속도가 느리면 글을 읽다가 지쳐 공부를 지속할 수 없다. 예를 들어 에어로빅을 배울 때 심장 기능이 약하면 몸을 조금만 움직여도 금방 숨이 차게 된다. 그러면 결국 에어로빅 자체를 못하게 된다.

공부를 계속하려면 글자를 자연스럽게 빨리 읽을 수 있어야 한다. 그래서 속독 훈련이 필요하다. 속독을 하지 않고 평소처럼 책이나 참고서를 읽으면 1주일에 한 권도 읽지 못한다. 더구나 일을 하는 회사원들은 그렇게 하다간 지쳐서 결국에는 책 읽는 것 자체를 포기한다. 그러나 속독법을 배우면 하루에 두세 권을 읽을 수 있게 되어 독서 효과가 높아진다. 속독은 체조와 같다. 혼자서 하는 것보다 강습을 듣는 것이 효과적이다.

속독술은 영어회화 학원처럼 가르치는 방식이 다양하다. 그러나 어떤 방식을 배워도 어느 정도 효과는 볼 수 있다. 이때 혼자 하는 것보다는 누군가에게 배우는 편이 좋다. 속독은 체조와 같다. 체조는 혼자 책을 보고 아무리 동작을 따라 하더라도 능숙해질 수 없다. 제3자에게 체계적으로 노하우를 배우는 것이 훨씬 효과적이다.

나도 처음에는 책을 보면서 혼자 공부했다. 그러다 나중에는 정식으로 학원을 다니면서 배웠다. 필자가 배운 것은 포토 리딩이었다. 정식 명칭은 '포토 리딩 마인드 시스템'으로 1990년대 후반부터 발전된 가속학습과 인지과학의 노하우를 응용한 것이다.

나는 친구들이 다들 배워보고 좋다고 추천을 해서 포토 리딩을 배웠지만, 어떤 친구는 '크리에이트 속독 스쿨'에 다니면서 배웠다. 속독술은 영어회화 학원처럼 자신에게 맞는 곳에 다니는 것이 좋다. 그러므로 여러 학원을 돌아다니며 비교하고, 사람들에게 의견을 구

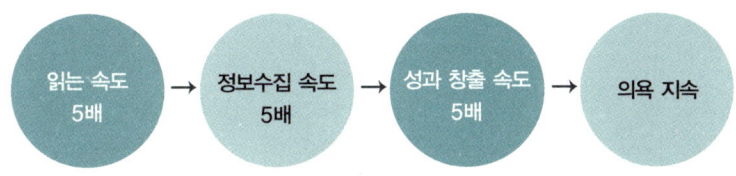

읽는 속도가 5배가 되면 의욕도 높아진다

한 뒤 결정할 필요가 있다.

속독술은 요점만 신속하게 골라내는 기술　속독술은 1990년대
에 새롭게 개발된 것으로 지금 직장인들이 초등학교나 중고등학교
를 다닐 때에는 보편적이지 않았다. 아마도 학교에서 속독술을 배운
사람은 없을 것이다. 그것 때문인지 신뢰하기 어렵다고 생각할지도
모른다. 하지만 익혀두면 책 읽는 방식이 현저히 바뀐다.

　오해하는 것 중 하나가 단지 읽는 것만으로 마치 도라에몽(일본
아동용 만화)에 나오는 암기빵(외워야 하는 책에 빵을 찍은 후, 그
빵을 먹으면 내용을 다 기억하게 되는 빵)처럼 완벽하게 내용을 암
기하게 되는 줄 알지만 전혀 그렇지 않다. 속독술은 책 내용의 개념
을 파악하여 책 안에서 자신이 필요한 내용이 어디에 있는지 신속하

게 골라내는 기술이다. 인터넷의 검색 엔진과 비슷한 감각이다.

대체적으로 책의 어느 부분에 어떤 내용이 있는지를 파악한 다음, 필요할 때 다시 그 부분을 꼼꼼히 읽는 아이디어에 근거한 방식이다. 자신의 컴퓨터에 담겨 있는 정보를 전부 외우고 있는 사람은 없다. 하지만 무엇이 어디에 들어 있는지 막연하게나마 알고 있다면 필요에 따라 키워드를 입력하여 검색할 수 있을 것이다. 이런 방식을 자신의 머리와 책을 대상으로 실행하는 것이 속독술이다.

속독술을 익히면 모든 책을 구석구석 읽을 필요가 없다. 대충 훑어보기만 해도 된다. 책 안에 있는 키워드나 그 책에서 알고 싶은 내용을 찾아서 한 번만 읽어도 그 책에 대강 어떤 내용이 들어 있는지를 파악할 수 있다. 물론 관심이 있는 부분은 꼼꼼히 정독한다.

읽는 속도가 5배가 되면, 성과를 내는 속도도 5배가 된다   속독술은 책뿐 아니라 인터넷 사이트를 검색할 때나 신문을 읽을 때도 효과적이다. 여러분도 속독술을 익혀 읽는 속도를 5배로 높여라. 읽는 속도가 5배가 되면 의욕도 높아진다.

반복해서 말하지만 직장인이 공부를 지속하기 힘든 이유는 좀처럼 성과가 나지 않기 때문이다. 책을 읽는 속도를 5배로 높이면 성과가 나오는 속도도 5배는 빨라진다. 이렇게 되면 공부를 지속할 수 있는 동기가 부여된다.

참고로 내가 포토 리딩(속독술의 한 방법)을 배웠던 때가 2004년
이었다. 그 당시 강사였던 소노 선생이 "이 강좌를 듣는 사람은 책을
집필할 가능성도 높다"고 말했다. 실제로 나의 경우 2006년부터 책
을 집필하게 되었다. 이는 전적으로 포토 리딩으로 읽는 속도가 빨
라진 덕분이다.

3) MP3(MD) 플레이어로 귀를 활용하라

눈에 비해 한가한 귀를 활용하라　　속독술 다음으로, 바쁜 직장인
에게 추천할 만한 공부 도구는 MP3 플레이어(또는 MD 플레이어)이
다. 컴퓨터나 책은 이동할 때나 만원 지하철에 갇혀 있거나 계단을
올라가거나, 무언가를 살 때에는 사용할 수 없다. 하지만 MP3 플레
이어는 언제나 사용할 수 있다. 지하철 안에서 20분 이상 앉아 있을
때면 책이 유용하다. 그렇지 못한 경우, 특히 걷는 시간이 많다면
MP3 플레이어는 매우 효과적이다.

　무엇을 들을지는 '귀로 하는 학습' 부분에서 설명할 것이다. 하지
만 직장인들의 바쁜 눈에 비해 상대적으로 한가한 귀를 학습에 활용
할 것을 강조하고 싶다. 예를 들어 지금 나는 이 원고를 컴퓨터로 입
력하면서 MD 플레이어를 활용해 영어회화 오디오북을 듣고 있다.
손으로 일을 하면서 귀로 공부를 하고 있는 셈이다. 물론 주의 깊게

53

먼저 도구를 마련하라

는 듣지 않는다. 하지만 오디오북의 내용은 머릿속에 무의식적으로 입력되고 발음도 익히게 된다.

회사나 집에서 일할 때 영어회화 테이프를 틀어놓는 것도 좋은 방법이다. 계속 듣다보면 저절로 내용이 귀에 들어오게 된다.

여러 가지의 MP3 플레이어를 구분해서 사용하라　MP3 플레이어가 아주 좋은 이유는 사이즈가 작기 때문이다. MP3보다 약간 크지만 MD도 상관없다. 어쨌든 활용한 잘 하면 된다. 내가 사이즈를 강조하는 이유는 가방에 넣는 순간 대부분 무용지물이 되기 때문이다. 건전지로 충전하는 것이나 USB로 충전하는 것은 전지가 닳을 염려가 없기 때문에 관리하기도 쉽다. 나는 소니의 Hi-MD를 비롯해 소니의 USB에 직접 연결하는 타입의 MP3 등 세 가지를 바꿔가며 사용하고 있다.

MD는 방에 두어라　MD는 카세트나 CD의 오디오북을 녹음할 때 컴퓨터를 통하지 않고 고속으로 녹음 가능하므로 편리하게 쓰인다. 또한 MD는 소프트만을 분리할 수 있기 때문에 침실이나 부엌에 MD 플레이어를 놓고 소프트만을 들고 다닐 수 있어 사용법이 편리하다(MP3 플레이어와 MD의 선택 및 활용 방법은 [부록]을 참조하라).

4) 키보드 입력 속도를 높여라

키보드 입력 속도가 늦으면 공부를 지속할 수 없다　　공부할 때 키보드 입력은 생산성과 직결된다. 종이를 사용하던 시대에는 얼마나 깨끗하게 빨리 글자를 쓰느냐가 중요했다. 하지만 지금은 키보드로 바뀌었다. 학습은 '입력' 뿐만 아니라 '출력' 도 중요하다는 것을 앞으로 강조하겠지만, 출력할 때 가장 많이 사용하는 것이 바로 키보드이다.

키보드 입력은 빠를수록 좋다. 메모를 하거나 생각을 정리할 때 또는 정보를 수집할 때 키보드 입력이 느리면 아무래도 동작이 느려져서 공부와 멀어지게 된다.

입력 속도가 빠르면 사고도 빨라진다　　아무리 타자가 빠르다고 해도 타자를 치는 시간 외에 생각하는 시간도 필요하지 않느냐고 의문을 가질지 모른다. 하지만 흥미롭게도 입력 속도가 빨라지면 입력 작업이 사고를 방해하지 않기 때문에 오히려 생각이 훨씬 잘 정리된다. 키보드를 입력하면서 컴퓨터 화면을 보며 어떤 내용을 쓸지를 생각할 수 있게 된다.

앞으로 소개하겠지만, 공부의 내용을 블로그에 정리해 두는 것도 성과를 올리는 방법 중의 하나이다. 하지만 이 경우에도 키보드 입력이 느리면 금방 싫증이 난다. 어느 정도 타자 속도가 빨라야 번거롭게 느껴지지 않는다. 게다가 다른 사람들이 자신의 글을 읽기 때문에 문장을 다듬으면서 생각할 여유도 갖게 된다. 이것 자체가 좋은 사고 훈련이 된다(키보드 입력에 대해서는 [부록]을 참조하라).

5) 마인드 맵으로 머릿속을 정리하면서 필기하라

널리 알려진 마인드 맵(Mind map)은 영국의 토니 부잔이 제창한 필기법의 일종이다. 표현하고 싶은 개념, 주제와 관련된 단어, 이미지를 그림의 중앙에 놓고 점점 자유롭게 사고를 확장하면서 생각을 정리해 나가는 방법이다. 인간의 두뇌는 그런 구조로 사물을 인지한다. 따라서 이런 시스템에 맞춰 생각을 확장해 나가면 단기간에 효율적으로 개념을 이해하고 정리할 수 있다.

소프트웨어를 사용해서 컴퓨터에 메모하라   종이에 직접 필기해도 상관없지만 컴퓨터로 마인드 맵의 필기 방법을 사용하는 소프트웨어가 몇 가지 시판되고 있다. 필자는 Mindjet 사의 'Mind Manager Pro'라는 소프트웨어를 애용한다.

책을 읽거나 강좌를 들을 때 마인드 맵의 소프트웨어를 사용해 메모를 하면 나중에 다시 살펴보아도 어떤 내용이었는지 바로 이해할 수 있다. 58~59 페이지의 Mind Map Guidlines는 내가 들었던 강좌를 그 장소에서 마인드 맵을 사용해 쓴 메모이다. 지금도 이것을 보면 그 당시 강좌 내용이 대부분 기억난다.

총정리

이번 장에서는 공부의 기초로서 노트북, 속독술, 귀를 활용한 MP3 플레이어, 빠른 키워드 입력 그리고 효율적인 필기법 등에 대해 살펴보았다. 노트북은 필수도구이지만 다른 도구는 한 번에 다 준비할 필요는 없다. 하나씩 실행해 나가면 점점 유용한 공부가 가능해진다.

지금까지 왜 공부를 해야 하는지, 어떻게 지속해 나가야 하는지, 또 어떤 도구가 필요한지를 설명했다. 다음 장에서는 공부에 필요한 몇 가지 공통된 요령을 소개하겠다.

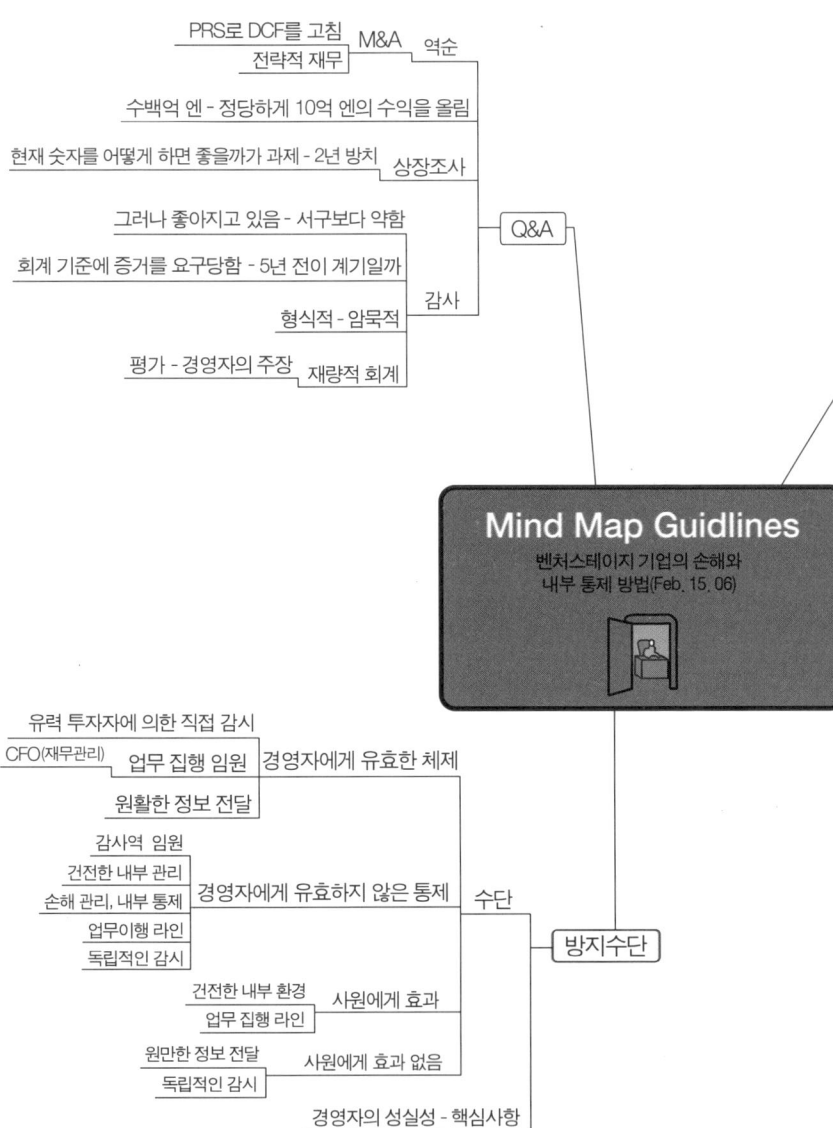

PRS로 DCF를 고침　M&A　역순

전략적 재무

수백억 엔 - 정당하게 10억 엔의 수익을 올림

현재 숫자를 어떻게 하면 좋을까가 과제 - 2년 방치　상장조사

그러나 좋아지고 있음 - 서구보다 약함

회계 기준에 증거를 요구당함 - 5년 전이 계기일까

형식적 - 암묵적　감사

평가 - 경영자의 주장　재량적 회계

Q&A

Mind Map Guidlines

벤처스테이지 기업의 손해와
내부 통제 방법(Feb. 15, 06)

유력 투자자에 의한 직접 감시

CFO(재무관리)　업무 집행 임원　경영자에게 유효한 체제

원활한 정보 전달

감사역 임원

건전한 내부 관리

손해 관리, 내부 통제　경영자에게 유효하지 않은 통제　수단

업무이행 라인

독립적인 감시

건전한 내부 환경　사원에게 효과

업무 집행 라인

원만한 정보 전달　사원에게 효과 없음

독립적인 감시

경영자의 성실성 - 핵심사항

방지수단

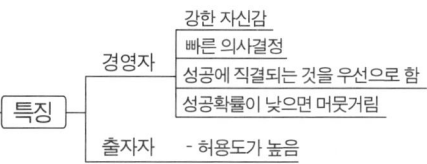

- 특징
  - 경영자
    - 강한 자신감
    - 빠른 의사결정
    - 성공에 직결되는 것을 우선으로 함
    - 성공확률이 낮으면 머뭇거림
  - 출자자 - 허용도가 높음
- 발생한 불상사 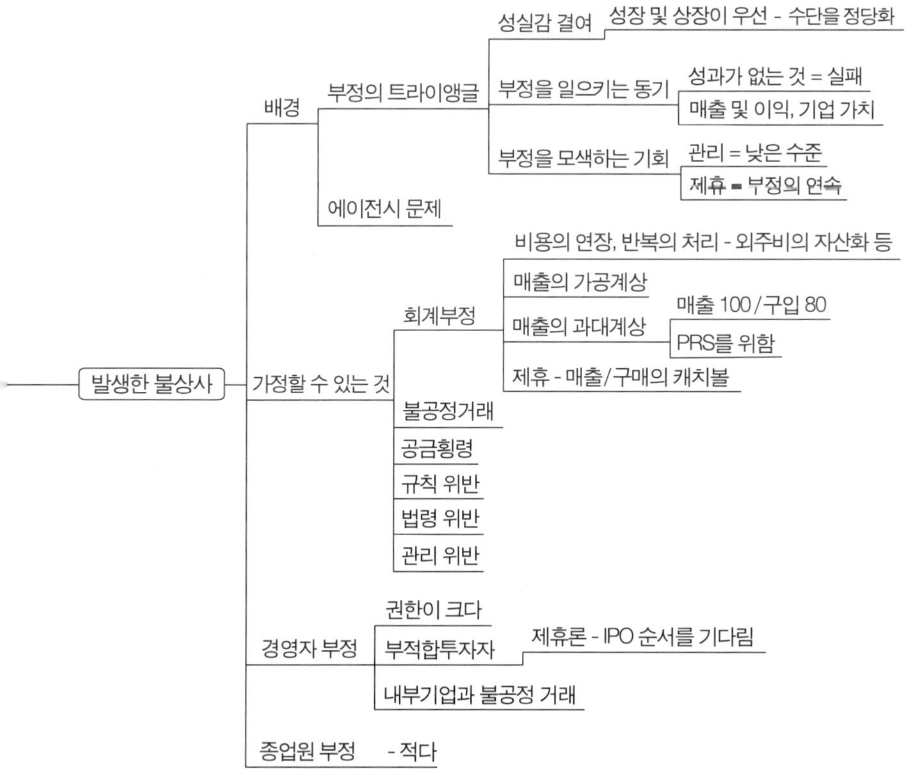
  - 배경
    - 부정의 트라이앵글
      - 성실감 결여 ― 성장 및 상장이 우선 - 수단을 정당화
      - 부정을 일으키는 동기
        - 성과가 없는 것 = 실패
        - 매출 및 이익, 기업 가치
      - 부정을 모색하는 기회
        - 관리 = 낮은 수준
        - 제휴 = 부정의 연속
    - 에이전시 문제
  - 가정할 수 있는 것
    - 회계부정
      - 비용의 연장, 반복의 처리 - 외주비의 자산화 등
      - 매출의 가공계상
      - 매출의 과대계상
        - 매출 100 / 구입 80
        - PRS를 위함
      - 제휴 - 매출/구매의 캐치볼
    - 불공정거래
    - 공금횡령
    - 규칙 위반
    - 법령 위반
    - 관리 위반
  - 경영자 부정
    - 권한이 크다
    - 부적합투자자 ― 제휴론 - IPO 순서를 기다림
    - 내부기업과 불공정 거래
  - 종업원 부정 - 적다

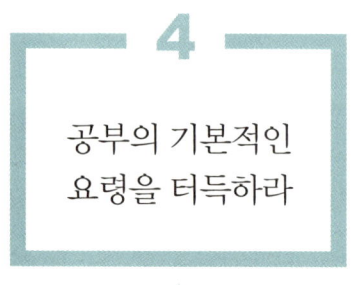

공부의 기본적인
요령을 터득하라

모든 공부에는 공통되는 요령이 있다!
기초부터 철저히 배운다 · 경험자에게 공부하는 방법을 묻는다
학습 대상의 기본 사상을 이해한다 · 공부한 것을 자신의 말로 바꾼다
즐기면서 공부한다

모든 공부에는 공통되는 요령이 있다!

공부에도 요리나 스포츠처럼 공통되는 요령이 있다. 이를 익혀두
면 관계없는 분야의 공부, 예를 들어 회계나 IT, 영어 등도 단기간에
통달할 수 있다. 내가 추천하는 요령은 다음의 다섯 가지이다. 차례
대로 자세히 설명하겠다.

1) 기초부터 철저히 배운다.

2) 경험자에게 공부하는 방법을 묻는다.

3) 학습 대상의 기본 사상을 이해한다.

4) 공부한 것을 자신의 말로 바꾼다.

5) 공부를 즐겨라.

1) 기초부터 철저히 배운다

기초를 처음부터 확실히 배워두면 공부의 향상 속도가 빠르다

우선 제1의 요령은 무조건 처음에는 기초부터 철저하게 공부하는 것
이다. 운동할 때에도 처음에는 스트레칭으로 몸의 유연성을 기르고,
근육을 키우기 위해 체력을 단련하고, 달리기로 심장 기능을 강화한
이후에야 구체적인 기술을 배우기 시작한다. 기초 훈련 없이 갑자기
테니스나 야구의 어려운 기술을 배우면 능숙해질 때까지 오랜 시간
이 걸린다.

공부도 마찬가지다. 처음에는 오로지 기초부터 훈련한다. 예를 들
어 나는 회계사 시험 공부를 시작한 지 1년 만에 합격했다. 그것이
가능했던 이유는 처음 공부를 시작한 반 년 동안은 부기(경제자산,
자본, 부채의 수지나 증감을 밝히는 기장법)만 철저하게 공부했다.

회계사 시험은 당시 일곱 과목이 있어서 전문학원의 강의를 수강

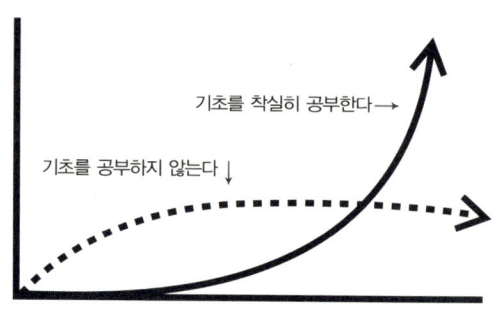

기초를 착실히 공부한다 →

기초를 공부하지 않는다 ↓

연봉을 10배 향상시키는 비결 ⑫
처음에 기초를 철저하게 배우면 공부의 향상 속도가 빨라진다

하면 회계학뿐만 아니라 경제학, 상법, 감사론 등을 병행해서 배운다. 하지만 그것은 마치 영어공부를 시작할 때 제대로 된 문법 지식도 없고 어휘도 부족하면서 처음부터 영자신문을 읽는 것과 같다. 이런 방법으로는 공부하는 노력과 시간에 비해 효율이 너무 떨어진다. 영어를 배울 때에는 청취, 문법, 어휘 순으로 먼저 공부해야 한다.

회계사 시험도 마찬가지다. 회계사 시험이란, 회계사가 되기 위한 자격과 최소한의 지식을 갖춘 사람을 선발하는 시험이다. 따라서 우선은 '분개(거래 내용을 차변(借邊)과 대변(貸邊)으로 나누어 적는 것)'를 배우면서 확실히 부기를 익히고, 그 다음에 사업회계 원칙을 이해해야 한다. 그렇게 공부를 하면서 실력을 늘려가면 출제위원이 문제를 응용 출제해도 제대로 대응할 수 있는 지식이 쌓여간다.

하지만 어떤 사람들은 이 방법에 회의를 나타낸다. 부기부터 배우면서 기초 훈련을 하면 시간이 너무 많이 걸리지 않느냐는 것이다. 그러나 나의 경우가 입증하듯이 사실은 가장 빠른 방법이다. 분개와 부기 등 기초를 철저히 이해하면 재무제표 분석이나 원가계산을 응용하는 경제학도 단기간에 배울 수 있다. 그러므로 회계학뿐만 아니라 어떤 분야를 공부할 때에도 기초 훈련을 꾸준히 하는 것이 중요하다.

공부가 싫증나지 않는 방법을 만들어라 　 그런데 전문 학원에서는 왜 이런 프로그램이 없는 것일까? 기초 훈련은 대체적으로 재미가 없어서 배우는 사람들이 곧바로 싫증을 내기 때문이다. 그렇다면 공부가 질리지 않도록 하는 방법을 만들면 된다. 여기에는 크게 두 가지가 있다.

① 실력이 향상된 정도를 측정하라.
즉, 기초 훈련을 제대로 익히고 있는지를 실제로 측정할 수 있게 하는 것이다. 영어를 예로 들자면, 어휘나 문법을 얼마만큼 배웠는지 TOEIC 점수로 측정을 해보는 것이다.
속독술도 때로는 확인해 보는 것이 중요하다. 예전에는 1분에 600자밖에 읽지 못했는데, 이번에는 1,000자를 읽을 수 있게 되면 재미가 붙어서 지속할 수 있다. 부기도 3급에서 1급으로 점점 급수가 올라가면 흥미가 생긴다.

　② 지금 하고 있는 것을 장래의 비전으로 연결시켜라.

　두 번째는 왜 그것을 하고 있는가를 깨닫는 것이다. 즉, 이 공부가 나의 장래에 어떻게 도움이 될지를 인식하는 것이다.

　부기를 공부하는 목적은 부기를 통달하는 것이 최종 목표가 아니라는 것은 잘 알 것이다. 부기를 완전하게 배워 회계사나 경리의 전문가가 되는 것, 또는 경영분석을 익혀서 상급 관리직이나 경영진의 일원이 되는 것이 본래 목적임을 상기해야 한다. 영어라면 문법을 외우는 것이 아니라 네이티브에 가까운 영어 실력을 익혀서 정보 수집, 마케팅, 제품 개발 등에 활용하는 것이 본래의 목표임을 인식해야 한다.

반 년간은 오로지 기초만 배운다　　나는 공인회계사 시험 강좌를 수강하기 이전에 반 년 동안은 오로지 부기만을 철저하게 공부했다. 이는 모든 공부에서 공통되는 일반적인 공부법이다.

　내 친구 중의 한 사람은 남편이 해외로 부임하자 현지에서 1년 반 동안 독학해 사법시험에 합격했다. 그녀도 역시 공부를 시작한 지 처음 반 년 동안은 오로지 법 체계의 큰 개념을 파악하는 데만 집중하고, 구체적인 이론이나 판례는 전혀 공부하지 않았다.

단기간에 결과를 내는 사람들이 공통적으로 실행하는 방법은 이처럼 철저한 기초닦기이다. 기초에만 집중함으로써 얼마든지 효과를 낼 수 있다. 스포츠만 보아도 기초력이 붙지 않으면 응용력이 떨어진다는 사실은 누구나 알고 있다. 공부도 역시 똑같다.

2) 경험자에게 공부하는 방법을 묻는다

두 번째 요령은 그 분야의 경험자가 공부한 방법을 배우는 것이다. 여기서 주의해야 할 점은 공부의 내용을 묻는 것이 아니다. 어떻게 해서 그가 실력을 향상시켰는지, 구체적인 공부법과 순서는 무엇인지를 배우는 것이다.

공부하려고 다짐했을 때 대부분의 사람이 먼저 하는 행동은 1)책이나 교재를 구입하거나 2)인터넷, 방송을 통한 교육을 받거나 3)전문학원에 등록하거나 4)독학을 하는 것이다. 하지만 그보다도 그 분야에 통달한 사람에게 공부법을 묻는 것이 가장 급선무이다. 그런 다음에 책이나 교재를 구입하고, 좋은 학원을 추천받는다.

책이라는 것은 아무래도 정보량이 부족하기 마련이다. 만약 내가 여러분을 내 앞에 앉혀놓고 직접 설명을 하면서 미묘한 뉘앙스까지도 전달할 수 있다면 더욱 쉽게 이해될 것이다. 하지만 책만으로는

먼저 경험한 사람에게서 공부법을 배워라

그렇게 하기가 불가능하다. 그러므로 공부를 잘 하는 사람이나 자신이 얻고자 하는 능력을 지닌 사람이 주위에 있다면, 그가 어떤 식으로 공부했는지 직접 알아보라. 그리고 그 방법대로 따라해보라.

나는 고등학교 때 회계사 시험을 보려고 마음먹었다. 그때 내가 처음으로 했던 행동은 주위 사람들에게 부탁해 대학생 때 시험에 합격한 회계사들을 소개받는 것이었다. 그런 다음 세 명의 회계사들에게 공부법에 대한 조언을 구해 나 나름의 공부법을 결정했다. 내가 처음 반 년 동안 오로지 부기만을 공부한 것은 실패한 사람의 경험담을 듣고 깨달은 요령이었다.

선행 모델이 되는 경험자는 인터넷에 많이 있다   입학 시험이나 자격 시험에 합격한 후 합격자가 합격 체험수기를 쓰는 경우가 많다. 이것은 공부하는 데 매우 큰 도움이 된다. 합격자가 어떻게 공부하고, 어떻게 실패하고 성공했는가를 알면 같은 실수를 반복하지 않고 합격하는 방법을 터득하기 쉬워진다. 물론 주위 사람들에게 직접 듣는 편이 합격 체험수기를 읽는 것보다 훨씬 효과적이다.

'배운다'는 것은 '모방'하는 것이다. 즉 공부는 모방에서부터 시작한다. 만약 주위에 모방할 만한 사람이 없으면 인터넷을 활용하면 된다. 키워드로 검색하면 자신이 하고자 하는 공부를 이미 이룬 사람들, 현재 실행하고 있는 사람들, 실패를 한 사람들을 얼마든지 찾을 수 있다. 예의를 갖춰서 메일을 통해서 도움을 요청하면 자세한 조언을 얻을 수 있다. 이는 낯선 길을 걷다가 길을 묻는 것과 마찬가지이다. 대부분의 사람들은 친절하게 길을 알려준다. 그러므로 어떤 사람이 어떤 노하우를 갖고 있는지 그 정보를 인터넷에서 찾아 자신의 것으로 만들어라.

성공한 사람들의 공부법을 구하는 것은 공부하는 방법을 배우는

공부의 기본적인 **요령**을 터득하라

것뿐만 아니라 앞서 말한 '공부가 싫증나지 않는 방법'이 되기도 한다. 그 사람을 자신의 멘토로 삼으면, 그와 같이 성공하고자 하는 의욕이 생기고, 공부를 지속해나가는 원동력이 되기 때문이다.

3) 학습 대상의 기본 사상을 이해한다

공부하고자 하는 분야의 가치는 무엇인가?   세 번째는 학습 대상이 되는 분야의 기본 사상과 기본 구조를 확실히 이해하는 것이다. 첫 번째의 기초 익히기와 비슷하지만 이는 좀 더 개념적이다. 그 분야의 지식이나 자격이 필요한 이유는 무엇이며, 그 분야가 사회에 어떤 역할과 공헌을 하는지, 그리고 그 지식을 얻음으로써 자신에게는 어떤 이익이 생기는지를 파악하는 것이다.

예를 들어, 지금부터 회계사 시험을 준비한다고 하면, 애당초 회계의 존재 가치는 무엇이며, 어떤 구조로 되어 있고, 어떤 사상이 있는지를 알아둘 필요가 있다. 그리고 회계 분야에서 회계사는 어떤 역할을 수행하고 있으며, 회계사가 되기 위해서 요구되는 자격과 기술에는 어떤 것이 있는지 알아야 한다. 이를 파악한 뒤 공부를 시작하는 것과 그렇지 않은 상태에서 공부를 시작하는 것은 공부의 효율성이나 즐거움, 실력 향상 속도, 장래의 응용 능력이 전혀 달라진다.

회계는 비즈니스 언어이다   회계를 예로 들어 좀 더 설명하겠다.
회계가 존재하는 이유는 "일의 여러 가지 활동을 금전적 가치로 측
정하여, 그 결과로서 이해당사자들이 합리적인 의사결정을 내리도
록 돕기 위해서"이다. 이 때문에 회계를 '비즈니스 언어'라고도 부
른다. 회계는 유연한 학문이다. 이론적인 수학에 비해 융통성 있는
자세와 다수의 실무 경험이 필요하다.

따라서 '언어'의 단어에 해당하는 '분개'의 수를 어느 정도 인지
하고 있는지, 이론적인 차변이나 대변, 대차대조표 등 손익계산서가
나타내는 것은 무엇이며, 어떻게 연결되어 있는지 등을 알게 되면
그 다음의 응용편에 나오는 재무분석이나 감사, 관리회계에도 쉽게

활용할 수 있다.

　회계사는 주주와 경영자 사이의 의사소통의 비용을 낮추는 역할도 한다. 주주가 경영자에게 바라는 것과 경영자가 하고자 하는 것에는 아무래도 차이가 있으므로, 그 차이가 크게 벌어지지 않도록 재무제표의 형식과 회계의 언어로 경영자와 주주 사이의 의사소통을 담당하는 것이다. 하지만 경영자가 주주보다 많은 정보를 갖고 있기 때문에 경영자가 악의를 품고 주주를 기만할 가능성도 있다. 이를 방지하기 위해 중립적인 입장의 회계사가 경영자가 만든 회계의 결과를 감시하는 것이다. 이를 위해 회계사는 단순히 회계뿐만 아니라 회사법, 조세, 경제학에 대해서도 능통해야 한다.

영어와 모국어의 역사적 차이를 이해하면 공부법이 달라진다

오늘날 직장인에게 가장 중요한 영어에 대해 생각해 보자. 영어의 기본 사상은 무엇일까? 영어가 현재처럼 국제 표준어로 널리 사용되는 배경에는 영국과 미국의 국력에 기인한 것도 있다. 하지만 영어가 비교적 알기 쉽고 간단한 언어 체계로 되어 있기 때문이기도 하다.

　원래 영어는 지금보다 복잡한 언어였다. 중세 시대, 프랑스가 영국을 점령하자 영국의 상류 계급은 더 이상 영어를 사용하지 않았다. 서민 계급만이 영어를 쓰게 되면서 영어의 문법은 간소화되었다. 간

략해진 영어는 의사소통을 위한 언어로서 효율성이 높아지고 널리 보급되기 시작했다.

영어와 일본어를 비교해보면, 영어의 문맥 구조가 훨씬 이해하기 쉽게 되어 있는데, 이는 영어가 일본어처럼 같은 문화를 공유해온 친숙한 사람들이 사용하는 언어가 아니라 다른 문화를 지닌 사람들이 명확하게 의사소통을 하기 위한 언어로 성립되었기 때문이다.

영어는 눈으로 읽기보다는 귀로 듣기가 더욱 발달된 음성 언어이다. 이에 비해 일본어는 눈으로 보고 쓰기가 더욱 효율적인 언어이다. 때문에 영어는 읽고 쓰기를 중심으로 공부하기보다는 듣기를 열심히 해야 실력이 빠르게 향상된다.

이러한 영어와 모국어의 기초적인 차이를 이해하고 영어를 공부하면, 모르고 배우는 것보다 공부의 효율성이 전혀 달라지는 것은 두말할 나위도 없다. 영어의 성립 배경은 영어나 역사시간에 학교에서 배웠으리라 생각되지만, 대부분의 사람들은 이런 내용에는 그다지 흥미가 없기 때문에 금방 잊어버리고 만다. 하지만 이런 배경을 알고 나면, 더 이상 듣기 공부도 소홀해지지 않게 되고, 영어 공부에서 특히 취약한 부분도 보완할 수 있다.

자격 시험을 통해 '배출하고자 하는 인재상'을 이해한다　이처럼 배우고자 하는 분야에는 모두 기본적인 사상이 담겨 있다. 때문에 학습 대상의 기본 사상을 이해하는 것이 정말 중요하다. 자격 시험도 마찬가지이다. 입학 시험이나 취직 시험을 치르는 경우에는 수험 요강이나 회사 안내서에 기재된 '우리 학교가 찾는 학생', '우리 회사가 찾는 인재' 등을 읽고 시험 대책을 세우는 사람이 많으리라 생각한다.

마찬가지로 자격 시험을 치를 때에도 어떤 인재를 배출하기 위해 만들어진 시험인지, 어떤 능력을 측정하려고 하는지, 특히 지금까지 어떤 사람들이 합격했는지를 파악해야 한다. 그것을 놓치면 전문학원을 다니면서 공부한들 시험에 합격하기도 힘들 뿐더러 학습 효율도 오르지 않는다.

업무의 기본 사상을 이해하고 필요한 실력을 분석하는 기술　세부적인 문제에 매달리지 말고 거시적으로 파악하여 그 시험에 필요한 자격을 이해하고, 그에 맞추어 공부를 하라. 훨씬 효율적이며 동기부여도 지속된다. 이러한 공부법을 익혀두면 영어나 IT, 자격증 시험처럼 결과를 알기 쉬우면서 일상적 업무에 필요한 기술을 배울 때에도 활용할 수 있다.

자신이 소속된 회사의 전략과 목표는 무엇이며, 자신의 부서에서는 이러한 전략을 위해 어떠한 역할을 담당하고 있는지, 자신은 부서에서 어떤 실력을 발휘해야 하는지를 이해할 수 있기 때문이다.

즉 기본 사상을 배우고, 내가 공부할 분야에서 필요로 하는 기술을 분석하라. 이러한 공부법은 대부분의 분야에서 공통적으로 활용할 수 있다. 꼭 시도해보기 바란다.

4) 공부한 것을 자신의 말로 바꾼다

공부의 '입력'과 '출력'에 각각 절반씩 시간을 할애한다 모든 공부에 공통되는 요령의 네 번째는 배운 것을 자신의 말로 바꿔서 표현하는 것이다. 이를 가능한 한 여러 번 시도해 보라고 권하고 싶다. 나는 공부의 '입력' 시간과 '출력' 시간은 반 정도 할애하는 것이 가장 좋다고 생각한다. 다시 말해, 배우고 머릿속에 집어넣는 데 3시간을 할애한다면, 똑같이 3시간을 자신이 배운 것을 표현하는 데 써야 한다.

입력과 출력의 비율은 5:5가 가장 좋지만 대개 입력이 7, 출력이 3의 비율로 되기 쉽다. 전혀 인식하지 못하는 상태라면 9:1 정도가 될 수도 있다. 이 점을 항상 상기하면서 되도록 많이 출력하라.

자신의 말로 표현해 보면 얼마나 이해하고 있는지를 알 수 있다 그렇다면 왜 출력이 중요한가? 사실 인간의 사고나 생각, 기억은 상당히 애매하다. 지금 나는 내가 생각하고 있는 것을 이 책을 통해 글

공부의 기본적인 요령을 터득하라

연봉을 10배 향상시키는 비결 ⑮
입력과 출력은 5 : 5가 적절하다

로 정리하고 있지만, 만약 어떤 개념을 잘 표현해낼 수 없다면 내가 아직 그 부분에 대해서 완전히 모르기 때문이다. 공부를 했더라도 자신의 말이나 글로 표현해 보아야 정말로 이해하고 있는지를 알 수 있다.

왜 시험이 공부에 효과적일까. 이는 공부의 향상 정도를 점수라는 실질적인 형태로 확인할 수 있기 때문이고, 그 동안 공부한 내용을 밖으로 드러내 보이는 장치이기 때문이다. 불확실한 입력만 반복하면 공부할 의욕이 있더라도 학습 내용이 온전히 자신의 것이 되기 힘들다. 이는 공부할 때 꾀를 쓰는 사람들이 빠지기 쉬운 함정이다.

자격 시험의 가장 쉬운 합격 방법 중의 하나로 오로지 기출문제만을 풀어보는 방법이 있다. 이것의 장점은 '입력' 하면서 동시에 '출력' 할 수 있다는 점이다. 기존에 출제된 문제들을 풀어보면서 자신의 레벨을 눈으로 확인하고, 지식을 다시 머릿속에 입력하는 흐름이 생기므로 무척 효과적이다.

기출문제와 모의 시험을 통해 '출력' 에서 '입력' 으로 전환하라

직장인들이 자격 시험을 치를 경우, 자신이 정말로 취득하고 싶은 자격과 어쩔 수 없이 따야 하는 것이 있다.

일례로 나는 증권회사에 입사한 뒤 증권거래인 자격 시험을 취득했는데 이 시험은 증권 상품을 설명할 때 필요한 자격이며 2종과 1종의 2단계로 나누어져 있었다. 서점에서 관련 도서를 찾아보니 다섯 권 정도였다. 시험을 보려면 투자신탁에 관한 것부터 여러 가지가 추가되어 세세한 부분까지 암기해야 했다. 합격 기준은 70점 이상의 점수를 받아야 했는데, 여러 과목을 하나하나 공부하면 상당한 시간이 소요될 것 같았다. 게다가 내가 흥미를 갖고 있는 분야도 아니었다.

그래서 고안한 것이 기출문제와 모의 시험으로 공부하는 방법이었다. 인터넷에서 검색한 결과, 마침 기출문제와 모의 시험을 모아둔 CD-ROM이 출시되어 있어서 즉시 구매했다. 그런 다음 오로지

이것만을 풀었다. 점수가 낮게 나온 부분은 교재를 찾아 집중적으로 공부하고 다시 문제집을 푸는 방식을 되풀이했다.

이런 방법으로 공부하면 일반적으로 1, 2개월 정도 걸리는 것을 단 며칠만에 합격할 수 있다. 나는 이 시험에 합격한 후 주위 동료들에게 이 CD-ROM을 빌려주면서 나의 공부법을 알려주었는데 몇몇 사람을 제외하고 대부분 같은 방법으로 합격했다.

인터넷이나 통신 교육, 학원 수강은 강제성을 가진 출력 장소가 된다 혼자 공부할 때는 어떤 방법이라도 좋으니 출력으로 시작해서 입력으로 가는 방법이 가장 좋다. 이것이 공부의 가장 빠른 지름길이다. 통신 교육에서는 정기적으로 과제를 제출할 필요가 있기 때문에 바쁜 직장인들에게는 다소 무리가 될 수도 있다. 하지만 공부한 분량이 불충분해도 좋으니 무조건 과제를 제출하라. 이렇게 하면 무엇을 공부하면 좋은지 본인 스스로 바로 알게 된다.

또한 학원을 수강하는 장점으로는 정기적으로 시험을 본다는 것이다. 요즘은 직장인을 대상으로 한 심야학원이나 직장인 대학원이 유행하고 있다. 학원이나 학교 강의를 선택할 때에도 가능한 한 여러 가지의 과제나 발표 등 공부의 성과를 수시로 나타낼 수 있는 곳을 선택해야 한다. 과제나 발표가 많은 공부는 귀찮아서 피하는 경향이 있지만 그것이야말로 가장 빠르고 효과적인 방법이다.

테스트나 자격 시험에만 국한하지 말고 블로그를 만들어 그 동안 공부해온 것을 조금씩 정리해도 좋다. 어쨌든 배운 것을 머릿속에 입력하는 시간과 같은 정도의 노력과 시간을 기울여 밖으로 드러내는 출력에 할애해야 한다.

5) 공부를 즐겨라

세상의 퍼즐을 맞추고 있다는 감각이 공부에 가속도를 붙인다

공부하는 요령의 마지막 방법은 공부를 즐기면서 하는 것이다. 처음에는 지겹다고 여기던 공부가 계속하면 할수록 서로의 연결고리를 깨닫게 되며, 몰랐던 수수께끼가 어느 날 갑자기 풀릴 때처럼 풀릴 때가 있다.

예를 들어, 법률 공부를 하고 있다면 지금은 전혀 재미없지만, 신문을 읽다보면 회사의 조직에 관한 법률인 회사법이 실제로 얼마나 중요한지를 새롭게 알게 된다. 그 중요성을 알게 되면 지금까지 몰랐던 세상의 무수한 연결고리들, 여러 가지 사회 현상의 다른 관점들, 역사적인 배경 등을 깨닫게 된다. 또한 그 동안 자신이 알고 있던 것이 극히 미약했다는 사실을 깨닫고 더욱 공부에 매진할 수 있게 된다.

공부를 통해 세상의 복잡한 퍼즐을 꿰맞추고 있다는 감각을 알게

되는 순간, 공부 자체가 즐거워진다. 그러면 공부의 범위가 넓어지고 심도가 깊어지면서 가속도가 붙는다. 이는 에어로빅과 같다. 에어로빅을 할 때 밟는 스텝이 많아지면 예전엔 없었던 복잡한 흐름을 알게 되어 더욱 열중하게 된다. 그러면서 점점 다음 강습이 기대되고 즐거워진다. 공부도 마찬가지다.

에어로빅 교실에 처음 참가하면 모두가 능숙하고 멋진 스텝을 밟는데 반해 나는 아무것도 할 줄 모른다. 자신만이 지극히 단순하고 재미없는 동작을 계속하면 따분할 것이다. 하지만 점점 지속해 나가면서 단계도 오르고 난이도도 생기면서 남들처럼 멋진 스텝을 밟게 되면, 언제 그랬냐는 듯이 즐기는 자신을 발견하게 된다.

직장인이 꾸준히 공부를 지속하는 노하우나 인프라가 부족하다

공부법에 있어서 문제점은, 세상에는 스포츠 교실처럼 즐겁게 할 수 있는 코스가 잔뜩 있는데 반해 공부 그 자체를 가르쳐주는 곳은 좀처럼 찾기 어렵다는 것이다. 이는 청소년을 대상으로 하건 직장인을 대상으로 하건 마찬가지이다.

테니스를 배우고자 할 때 라켓의 상표나 무게, 라켓을 흔드는 방법, 쥐는 방법까지 알려주지 않으면 초보자는 좀처럼 익힐 수 없다. 공부는 스포츠와 거의 흡사하기 때문에 이처럼 공부법 그 자체를 기초부터 알려줘야 하는데 그런 곳이 없다.

모든 직장인들은 공부의 기술을 터득할 필요가 있다

이제는 공부의 기술을 익히지 않으면 도태된다   소위 '잃어버린 10년'이라고 일컬어지는 일본의 경제 불황기에는, 회사 내에 OJT(On-the-Job Training의 약자. 기업 내에서 실시하는 사내 지도 방법. 상사가 부하에게 일에 필요한 지식과 기술 등을 지속적으로 지도하여 전체적인 업무 처리 기술이나 역량을 육성하는 활동)가 있어서 이를 충실히 따르면 도태되거나 해고될 염려 없이 편안하게 출세할 수 있었다. 다시 말해, 조직이라는 배에 올라타는 순간 안정되기 때문에 수영 기술 따위를 익힐 필요가 없었다. 하지만 이제 언제 그 배가 전복될지 모르는 상황이 되었다. 설사 전복되지 않는다 하여도 배에서 쫓겨나 작은 배로 옮기거나, 다른 배와 통합되는 경우가 늘어났다.

공부의 기술을 몸에 익혀 거친 파도가 치는 바다에 떨어져도 스스로 헤엄칠 수 있도록 대비해야 할 시대인 것이다. 노동자들이 자신의 몸을 단련하는 것처럼 사무직 종사자들도 항상 두뇌를 단련해 두어야 한다. 하지만 두뇌의 단련법, 특히 즐기면서 배우는 방법에 대한 노하우는 아직도 그다지 알려져 있지 않다. 어쨌든, 직장인들에게 이제 공부는 불가피한 현상이다. 공부의 중요성을 깨닫고 자신에게 맞는 방법을 개발해 꾸준히 공부하는 것 외에는 방법이 없다.

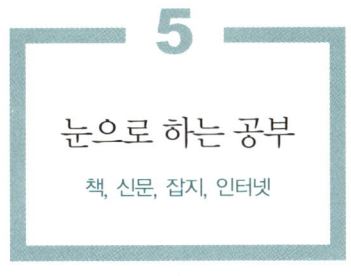

5

눈으로 하는 공부

책, 신문, 잡지, 인터넷

책은 대강 읽어도 상관없다, 양이 중요하므로 무조건 두뇌에 입력하라
문제 의식을 갖고 수준 높은 정보를 많이 읽어라
대중잡지를 읽을 시간에 전문잡지나 전문서적을 읽어라
TV는 시간당 정보량이 가장 적기 때문에 시간 낭비에 불과하다
블로그와 SNS를 통해 인터넷에서 배운다
눈으로 하는 공부의 총정리

다섯 가지의 학습 요령을 알았다면 이제 더욱 구체적인 공부법으로 들어가보자. 공부의 기본은 "정보를 어디서 얻느냐"이지만 입력의 매개체는 대부분 눈과 귀이다. 냄새라든가 촉감 같은 다른 오감도 있지만 유감스럽게도 눈과 귀만이 글과 말을 이해할 수 있기 때문에 눈과 귀를 공부의 도구로 삼을 수밖에 없다.

우선 눈부터 살펴보자. 우리가 개념을 이해할 때는 글을 통해서 하는 것이 가장 쉽다. 그런데 글의 처리 속도가 가장 빠른 것이 바로 눈이다. 눈으로 인식하는 정보량은 실제로도 매우 많다. 직장인이 학습 목적으로 읽는 것에는 책, 잡지, 신문, 인터넷 등이 있는데 여기서 중요한 것은 정보가 서로 겹치지 않도록 정보원을 구분하는 것이다.

책은 대강 읽어도 상관없다
양이 중요하므로 무조건 두뇌에 입력하라

나는 기본적으로 책은 부담 없이 대강 읽어도 좋다고 생각한다. 기분 내키는 시간에, 기분 내키는 방법으로 오로지 정보를 눈으로 읽어 내려가는 것이다. 직장인은 바쁘기 때문에 자신에게 필요한 정보를 고르는 데도 시간이 걸리기 때문이다.

하지만 책을 대강 읽을 때에는 속독에 가까운 문자의 처리 기술이 필요하다. 대개 훈련하지 않은 사람이 읽을 수 있는 문자 수는 1분간 400~600자 정도이다. 이를 제2장에서 설명한 포토 리딩 등의 방법으로 배우면 5배에서 10배의 처리 속도를 낼 수 있다.

다독은 인간의 뛰어난 기술력이 그 배경이 된다. 신문을 읽을 때 대부분의 사람들은 전부를 꼼꼼히 읽는 것이 아니라 여러 지면을 둘러보면서 제목이나 분위기를 기억한다. 그러면 나중에 어느 지면에 어떤 내용이 있었는지 기억에 남는다.

많이 듣고 있으면 어느 날 갑자기 영어가 들리게 되는 것처럼, 어 쨌든 양이 중요하며 계속 입력을 반복하면 일정량을 넘는 순간에 갑 자기 실력이 향상되는 것이다. 회사에서 선배가 쓰는 서류나 업무 방식을 오로지 눈으로만 보는데도 어느 순간 서류 작성법이나 인사 법, 일하는 방법 등이 자신도 모르게 머릿속에 저장되는 경우가 있 을 것이다. 그런 수준에 도달하기까지 자신의 능력을 믿고, 집중하 지 않아도 좋으니 우선은 정보와 지식들을 머릿속에 입력해 나가라.

문제 의식을 갖고 수준 높은 정보를 많이 읽어라

물론 많이 읽는다고 다 좋은 것은 아니다. 다음의 두 가지에 대해 서는 주의할 필요가 있다.

1. 수준 높은 정보를 많이 읽을 것.

2. 머릿속에 반드시 "00의 정보를 찾고 있다", "00의 기술을 몸에 익힌다"는 문제 의식을 갖고 있을 것.

다시 말해, 많이 읽는다는 것은 수준 높은 정보 안에서 자신의 문 제 의식에 맞는 것을 저장하는 기술이다. 그렇다면 수준 높은 정보 는 어떻게 고를까? 여기서 수준 높은 정보를 가장 잘 얻을 수 있는 '양서를 고르는 방법' 네 가지만 알고 넘어가자.

1. 가장 좋은 방법은 책을 좋아하고 비평을 잘 하는 주위 사람에게 묻는 것이다. 이는 그 분야의 전문가에게 답을 구하는 것이기 때문에 가장 확실한 방법이다. 주위에 책벌레라는 별명을 가진 사람이 있다면 그에게서 정보를 구하라.

2. 다음으로 좋은 것은 SNS(Social Networking Service의 약자. 비슷한 취미나 거주 지역, 출신 학교라는 키워드를 통해 새로운 인간관계를 구축하는 장소를 제공하는 커뮤니티형 웹 서비스)나 블로그의 서평을 통해 신뢰성 있는 사람이 추천하는 책을 읽는 것이다. 주위에 독서광이 없어 추천을 받는 데 어려움이 있다면 이 방법이 유익하다. 신문이나 잡지의 서평도 좋지만 아무래도 천편일률적인 내용이 많기 때문에 나는 인터넷에서 서평을 찾아 업무에 활용한다.

3. 다음으로는 서점에 직접 찾아가 책의 제목과 목차를 확인하는 방법이다. 제목이 정확한지 목차의 구성이 알기 쉬운지 논리의 성립이 어떤 식으로 되어 있는지 등을 확인하는 것이다. 책을 반복해서 훑어보는 것만으로도 원하는 정보를 확인할 수 있다. 이런 작업을 통해 자신이 분명히 알고 싶은 내용이 담긴 책만을 구입한다.

4. 궁극적으로는 "좌우지간 많이 읽는 것"이 가장 좋다. 좋은 책과의 만남은 다분히 확률에 따르므로, 많이 읽다보면 좋은 책과 필요한 정보를 구할 수 있다.

나의 경험에 따르면, 기대하고 구입한 책 중에 정말로 기대에 부합되는 책은 의외로 적었다. 오히려 무심코 눈에 띄었거나 다른 책을 사는 김에 덤으로 같이 구입한 책이 양서일 확률이 더 높았다.

대중잡지를 읽을 시간에 전문잡지나 전문서적을 읽어라

나는 특히 오락용 대중잡지를 읽지 말라고 권한다. 대신 그 시간에 전문잡지나 전문서적을 읽으라고 권한다. 왜냐하면 대중잡지는 우선 두 가지 면에서 뒤처진다. 시사적인 내용은 신문에 비해 속도에서 뒤지고, 내용의 깊이는 전문잡지나 전문서적에 비해 떨어지기 때문이다.

물론 대중잡지에도 자신이 배우는 주제가 있다면 상관없지만 그저 목적 없이 읽는다면 시간 때우기로는 적절해도 공부에는 전혀 도움이 되지 않는다. 앞서 교양과 잡학의 차이를 설명했지만 잡지의 정보라는 것은 아무래도 잡학의 수준에 그칠 가능성이 높다.

그렇다면 전문성이 뛰어난 잡지란 어떤 것일까. 일반적으로 신문에서 다루지 않는 깊은 정보를 다루는 것이다. 예를 들어, 내가 읽는 잡지는 〈회계〉라는 회계 전문지, 〈증권 애널리스트 저널〉, 〈회계감사 저널〉, 〈닛케이 디자인〉 등이다.

TV는 시간당 정보량이 가장 적기 때문에
시간 낭비에 불과하다

눈으로 하는 공부의 시간을 늘리기 위해 가장 최우선으로 줄여야 하는 것이 바로 텔레비전을 보는 시간이다. 일본인은 하루 평균 네 시간 이상 텔레비전을 시청한다. 텔레비전은 시간당 정보량이 지나치게 적다. 책으로 3페이지 정도의 내용을 1시간 걸려서 방영한다. 오락거리로 즐거울지는 몰라도 공부로는 시간을 낭비하는 것이다.

억지로 줄이려고 하지 않아도 속독을 배우면서 정보처리 속도를 높이면 텔레비전 속도가 너무 느리다는 것을 알 수 있다. 눈으로 보는 공부, 책, 잡지, 신문, 인터넷의 좋은 점은 자신의 처리 속도로 읽을 수 있다는 것이다. 이 때문에 텔레비전 시청 시간을 줄이고, 그 시간에 책, 잡지, 신문, 인터넷을 보는 것이 공부의 효율성을 높이는 길이다.

그래도 텔레비전을 보고 싶다면 보고 싶은 프로그램만 하드디스크에 저장하면 된다. 텔레비전으로만 볼 수 있는 프로그램은 활용해야겠지만 목적 의식 없이 그저 틀어 놓는 것은 아무런 도움이 되지 않는다.

블로그와 SNS를 통해 인터넷에서 배운다

SNS를 이용한 검색이 편리한 점은 뭐니뭐니해도 최근 이슈가 되는 정보를 얻을 수 있다는 것이다.

학습의 요령 중에서 선배로부터 배우는 것이 효율적이라는 얘기를 했는데, 인터넷의 강점은 그곳에서 경험자들을 만날 수 있다는 점이다. 나 역시 통계학 소프트웨어의 사용 방법이나 인구학 등 모르는 것이 있으면 통계학이나 인구학 커뮤니티로 들어가 질문을 한다. 그러면 대학교수나 전문가들로부터 정확한 답글이 올라온다.

눈으로 하는 공부의 총정리

다시 한 번, 눈으로 하는 공부의 여러 가지 방법을 정리해 보자. 우선은 빠른 속도로 문자를 처리하는 기술을 몸에 익히고, 눈으로 다양한 정보를 적극적으로 습득해 나가도록 한다.

책 : 가장 통상적으로 사용할 수 있는 정보원이다. 흥미가 있는 분야의 책을 많이 읽어서 지식을 쌓는다.
신문 : 시사 정보를 얻기 위해 대강 훑어본다.

잡지 : 전문잡지를 통해 최신 정보를 얻는다.

인터넷 : 블로그나 SNS를 활용해 온라인에서 배운다.

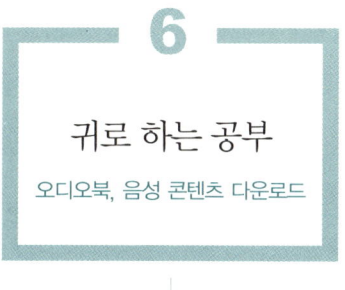

6

귀로 하는 공부

오디오북, 음성 콘텐츠 다운로드

자투리 시간에는 귀로 공부하라

 눈으로 하는 공부는 입력하는 양이 많은 대신 한 가지 문제가 있다. 그건 바로 가능한 시간이 한정되어 있다는 점이다. 대부분의 직장인은 아침에 10분 이상 신문을 읽기가 어렵고, 책도 겨우 하루에 30분에서 한 시간 남짓이다. 인터넷도 노트북을 들고 다니지 않는 이상 자신의 공부를 위해 장시간은 할 수 없다.

 실제로 책은 앉아서 읽어야 편하므로 20분 이상이어야 하고 신문이나 잡지의 경우도 10분 이상이 아니면 효율성이 떨어진다. 하지만 자투리 시간이라도 눈으로 보는 공부를 습관화하면 장기적으로 도움이 된다. 자투리 시간에 눈으로 하는 공부 중에서 가장 효율적인 것은 인터넷인데, 몇 분 정도만으로도 충분하기 때문이다.

눈을 통한 공부 다음으로 활용할 수 있는 방법이 귀를 통한 공부이다. 눈을 통한 공부 시간은 따로 만들어야 하지만 그냥 길을 걸을 때나 만원 지하철 안에 있는 시간 등 귀를 사용할 수 있는 시간은 얼마든지 많다. 다만 귀로 공부할 때에는 눈에 비해 약간의 도구가 필요하다. 예를 들어 MP3나 CD 플레이어, 헤드폰 등이 필요하다.

출퇴근 시간에 오디오북을 들어라

귀로 하는 공부는 눈의 공부에 비하면 그다지 일반적이지는 않다. 가장 대표적인 방법은 오디오북을 활용하는 것이다. 오디오북은 책의 낭독본을 CD나 카세트에 녹음한 새로운 매체이다. 또는 인터넷 사이트에서 오디오북을 다운로드할 수도 있다. 다시 말해 책을 읽는 대신에 오디오 형식으로 책을 듣는 것이다.

오디오북은 종이를 넘기지 않아도 되므로 CD로부터 MD나 MP3 플레이어에 복사해서 출퇴근 시간에 들으면 만원 지하철이나 계단을 오르내릴 때, 길을 걸을 때, 지하철 표를 내밀 때에도 방해받지 않고 공부를 할 수 있다.

한국이나 일본에서 아직 오디오북은 일반화되어 있지 않지만 자동차로 이동하는 일이 많은 미국에서는 대부분의 베스트셀러는 오디오북으로 출시된다. 특히 영어 오디오북은 상품도 다양하고 영어 공부도 되므로 꼭 추천하고 싶다. 쉽게 질리지도 않아 영어 공부도 잘 된다. 청취력을 향상시키고 싶은 사람, 발음을 고치고 싶은 사람, 어휘력을 늘리고 싶은 사람은 영어의 오디오북을 자투리 시간에 들으면 놀랍도록 실력이 향상된다.

오디오북은 문자로는 표현하기 어려운 뉘앙스가 억양에 담겨 있기 때문에 평범한 문장도 매우 신선한 느낌이 들어 머릿속에 쉽게 들어온다. 예를 들어, 클린턴 전 대통령의 자서전은 클린턴이 직접 읽어주기 때문에 마치 그의 자택에 초대받아 함께 이야기를 나누는 듯한 착각을 불러일으킬 정도이다.

영어 오디오북으로 영어 공부를 하라

초보자를 대상으로 한 영어 오디오북으로는 〈누가 내 치즈를 옮겼을까〉, 〈성공하는 사람들의 7가지 습관〉 등을 추천하고 싶다. 원래 잘 알려진 내용이고 어휘가 쉽고 읽는 속도도 빠르지 않아 초보자 입문용으로 최적이다. 약간 난이도가 높은 것으로는 〈더 골THE GOAL〉이나 〈원인과 결과의 법칙As a Man Thinketh〉 등이 있다.

어디에서 구할까?

영어 오디오북은 아마존에서 손쉽게 구입할 수 있다. 아마존에서 판매하는 책 중 CD본이 있는 것은 'Also Available In' 이라는 곳에 'Audio CD' 라고 적혀 있다. 이것을 클릭하면 Audio Book의 화면으로 이동한다. 이동한 URL로부터 그곳의 ASIN 번호에 아마존의 정리번호를 입력한다. 예를 들어 〈누가 내 치즈를 옮겼을까〉라면, dp/의 다음에 0743500474가 된다(예 - http://www.amazon.com/ Who-Moved-My-Cheese-Amaing/dp/0743500474/ref=ed_oe_a/104-9937730-2601509).

아마존 구매 대행 사이트를 이용하는 방법도 있다. 일본에는 일본판 아마존 사이트가 있지만 한국에는 아직 한국판 아마존 사이트가 없다. 때문에 영어가 아직 서툴러 해외 사이트에서 구매하는 것이 부담스럽거나 카드 결제를 할 수 없다면 구매 대행 사이트를 이용하는 것도 괜찮은 방법이다.

미국의 다운로드 사이트를 이용하라

영어 오디오북의 다른 입수 방법으로는 오더블 Audible(http://www.

audible.com)이 유명하다. 오더블의 경우 아마존에 비하면 상품 양은
적지만 아마존보다 싸고 다운로드가 가능해서 주문 즉시 들을 수 있
다. 우선 컴퓨터에 콘텐츠를 다운받고 그것을 다시 MP3 플레이어에
저장한다. 언뜻 복잡해 보이지만 아마존에서 오디오북을 사면 대개
3~8장 정도의 CD 분량이 되므로, 이것을 하나하나 녹음하기보다
MP3 플레이어에 한 번에 다운로드하는 것이 훨씬 편리하다.

오더블은 처음 설정할 때 대단한 인내심이 필요하다. 나도 꽤 골치
를 앓았고 주위에서 추천한 사람들도 처음에는 모두 고생했다. 사이
트나 소프트웨어가 전부 영어로 되어 있어서 내용을 이해하면서 설

치하는 데 상당한 시간이 소요된다. 하지만 역시 사람은 막다른 골목에 몰리지 않으면 웬만해선 공부를 하지 않는다. 영어로 톡톡히 고생하면서 그 문제를 풀기 위해 책을 뒤지고 인터넷을 검색하다 보면 그만큼 공부가 된다.

내가 주로 공부의 성과만 강조하지만 사실 과정도 매우 중요하다. 만약 오더블을 설정하는 과정이 영어 공부에 어느 정도 도움이 됐다면 영어 학원을 다니는 것에 비해 훨씬 저렴한 비용과 수고로 실용적인 기술을 습득한 것이다.

영어는 무조건 매일 1시간씩, 반 년간 꾸준히 듣는다

오디오북은 귀로 듣는 것이므로 읽는 것보다는 시간이 걸린다는 약점이 있다. 하지만 앞서 설명한 것처럼 눈보다는 귀로 사용할 수 있는 시간이 길다는 장점이 있다. 특히, 영어의 경우 3개월에서 반년 동안, 꾸준히 하루에 1시간 정도 듣다보면 대부분 발음과 청취력이 놀랍게 향상된다.

이는 ALC가 제공하는 '히어링 마라톤'과 같은 원리인데, 히어링 마라톤과는 달리 콘텐츠 자체에도 흥미가 있으므로 지속해 나가기 쉽다. 예를 들어, 돈 버는 방법을 알고 싶다면 〈부자 아빠 가난한 아빠〉의 영어판 〈Rich Dad, Poor Dad〉를 들으면 되고, 영화를 느끼면서 공부를 하고 싶다면 〈다빈치 코드〉 낭독판을 들으면 된다.

인간에게는 뛰어난 잠재력이 있어서 매일 들으면 금방 익숙해진다. 듣는 내용이 잠재 의식 속에 점점 축적되기 때문이다. 노래를 잘하기 위해 노래하기 전에 원곡을 몇 번이나 들으면 효과적인 것과 같은 원리이다. 우리는 들리는 것만 말할 수 있다. 때문에 많이 들으면 들을수록 더 잘 말할 수 있게 된다.

자신이 편집하고 되풀이해서 들어라

수업이나 강좌에서 강사가 말하는 내용을 녹음하여 편한 시간에 다시 듣는 것도 매우 효과적인 학습법이다. 내가 아는 사람 중에는 도쿄대와 재무성에 단번에 들어간 사람이 있다. 그는 대학 수업을 MD에 녹음해서 세 번을 더 들었다. 그렇게 하면 수업 시간에 한 번 들은 것만으로는 알지 못하는 내용을 결국 이해하게 되고 나중에는 대부분 외워버렸다고 한다.

그밖에 란체스터(Lanchester: 영국의 항공공학 엔지니어인 F. W. 란체스터가 고안한 역학관계에서의 법칙을 응용한 기업전략) 경영으로 유명한 다케다 요우이치는 전문 아나운서를 고용해 피터 드러커의 책을 전부 녹음해서 수십 번 들었다. 그렇게 해서 다케다는 피터 드러커가 주창한 내용을 모두 외우고, 모두 이해했다.

같은 내용을 여러 번 듣는 것만으로 다양한 견해, 구조화가 가능해진다. 좋아하는 음악을 몇 번이나 듣는 것처럼 좋아하는 사람의 강연을 몇 번이고 듣는 방법을 추천한다.

귀로 하는 공부의 총정리

바쁜 직장인에게 귀로 하는 공부는 다음과 같은 여러 가지 장점이 있다.

1. 업무나 출퇴근 시간, 가사 일을 하면서 시간을 효율적으로 활용할 수 있다.
2. 저자의 음성을 들으면 더욱 몰입하게 된다.
3. 동시에 영어 공부를 할 수 있다.
4. 꾸준히 집중할 수 있다.
5. 여러 번 들어도 싫증나지 않는다.

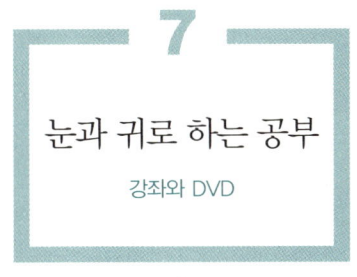

7

눈과 귀로 하는 공부

강좌와 DVD

강좌 DVD를 사서 보라 · 공부하고 싶은 분야의 DVD를 찾는다
DVD보다는 직접 강좌를 듣는 편이 학습 효과가 높다
e 러닝을 활용하여 공부의 효율성을 높여라

강좌 DVD를 사서 보라

가장 효과적인 공부 방법은 눈과 귀 양쪽을 사용하는 것이다. 구체적으로는 직접 강좌에 참석해 듣는 것이 가장 좋고, 둘째는 녹화된 DVD를 구입해서 집에서 보는 것이다. 이러한 공부법을 실행하는 사람이 의외로 적어서 빠른 시일 내에 다른 사람들보다 앞설 수 있는 좋은 계기가 된다. 특히 최근에는 DVD가 보급되어 있어 일부러 강좌에 참석하지 않아도 녹화한 DVD를 사서 보면 매우 편리하다.

서점에서 찾기 힘든 판매용 강좌 DVD는 인터넷으로 검색하면 바로 구입할 수 있다.

공부하고 싶은 분야의 DVD를 찾는다

무언가를 공부하고 싶을 때 관련 분야의 DVD가 출시되었는지 또는 어디서 강좌를 하고 있는지를 검색한다. 강좌나 인터넷으로 조금만 검색하면 꽤 흥미로운 것을 많이 발견할 수 있고 가격도 그다지 비싸지 않다.

일례로, 나는 예전에 소설을 쓰고 싶었던 시절이 있었다. 어떻게 배워야 할지 고심하다가 업무차 오쿠라 호텔에 갔을 때 우연히 그곳에서 '나의 수업시대'라는 주제로 베스트셀러 작가인 미야베 미유키의 강연회에 참석하게 되었다.

그녀도 처음 소설을 쓰려고 마음먹었을 때 직장에 다니면서 '소설 교실'에 등록하는 것부터 시작했다고 한다. 그런 후 원고를 대신 써주는 일로 첫 번째 일감을 받았다는 등, 의외의 경험담을 털어놓았다. 그녀는 다음과 같은 세 가지의 요령을 가르쳐주었다.

1. 글을 쓰는 것은 호흡과 마찬가지로 육체 노동이다. 무조건 다양한 글을 많이 쓰는 연습을 하라.
2. 자신의 작품이 팔릴지 안 팔릴지, 트렌드에 맞는지 안 맞는지는

전적으로 자신의 능력 밖이라고 생각하라.

3. 독자들이 어렵게 느끼는 것을 쓰지 말고, 즐거움을 주는 대중적 작품을 써라.

아직 소설가는 아니지만 여러 가지 책을 쓰고 연재하고 있는 나에게는 상당한 도움이 되었다. 이처럼 강좌는 그 분야에 성공한 사람이 유용한 방법을 가르쳐 주는 기회이므로 가능하면 꼭 참석하기 바란다.

내가 여러 사람들에게 질문을 받는 것 중의 하나가 특별히 유용한 강좌나 DVD를 발견하는 요령이 있느냐 하는 것이다. 솔직히 말해서 그런 요령은 없다. 책과 마찬가지로 확률에 따르기 때문에 여러 번 시행착오를 겪어서 터득해야 한다. DVD를 3장이나 5장 정도 사서 그 중에 한 장이라도 괜찮은 것이 있으면 운이 좋은 것이다. 어떤 강좌가 좋은지 주위 사람에게 자문을 구하는 것도 좋지만 스스로 적극적으로 찾는 것이 가장 도움이 된다.

DVD보다는 직접 강좌를 듣는 편이 학습 효과가 높다

DVD와 강좌, 어느 쪽이 학습 효과가 높은가는 대답이 나와 있는 질문이다. 강좌가 훨씬 높다. 아무래도 사람이 직접 이야기를 들려

99

눈과 귀로 하는 공부

주므로 더욱 생생하게 분위기를 체감할 수 있다. 가능하면 바쁜 시간을 쪼개서라도 강좌에 직접 참석하기를 바란다.

인간은 무의식적인 학습 능력이 있어서 강좌에 참석하면 2차원의 DVD로는 느낄 수 없는 현장의 분위기를 알 수 있다. 나의 경우 미야베가 소설 교실에 다녔다는 이야기를 듣고 나서 나도 언젠가 소설을 쓰기로 마음을 먹을 때 소설 학교를 가야겠다고 의지를 다졌다.

앞서 학습 요령에서도 밝혔지만 경험자에게 묻는 것이 공부의 가장 빠른 지름길이다. 지식을 배운 사람으로부터 원하는 정보를 바로 얻을 수 있기 때문이다. 자신이 처음부터 지식을 만들 수 없으므로 여러 수단을 효율적으로 사용해서 정보를 수집하는 것이다.

통상 전문 강좌의 경우, 분야별로 그 가격대가 다양하다. 물론 포토 리딩 강좌처럼 비싼 강좌도 있는데, 이런 고액 강좌는 주위의 입소문으로 좋다는 평이 많으면 참석하면 된다. 좋은 강좌라면 아무리 비싸더라도 적극적으로 투자하여 배울 것을 권한다. 여기서 주의해야 할 점은 단순히 자기계발을 위해 강좌를 찾는 사람들이 아닌, 일반 직장인들이 추천하는 강좌를 들어야 한다는 것이다.

e-러닝을 활용하여 공부의 효율성을 높여라

강좌나 DVD 이외에도 눈과 귀로 하는 공부법으로는 e-러닝(컴퓨

연봉 1o배 올리는 공부법

터를 통해 받는 교육)이 있다. 최근에는 각종 자격 시험이나 TOEIC 에도 e-러닝 코스가 생겨서 일방적으로 읽거나 듣는 종래의 공부에서 탈피해 컴퓨터를 통해 쌍방향으로 배울 수 있게 되었다. 앞서 설명한, 시험을 보고 틀린 부분만 복습하는 공부법을 e-러닝으로 하면 더욱 효과적이다.

예를 들어, 영어 공부를 TOEIC의 CD-ROM으로 하면 틀린 부분이 남기 때문에 어디를 틀렸는지 곧바로 확인할 수 있다. 이렇게 전자 채점을 해두면 편리하다. 닌텐도 DS에서 제공하는 '두뇌 트레이닝' 도 e-러닝의 일종이다.

자격 시험은 체계를 세우면서 외울 필요가 있기 때문에 학원을 다니는 것이 가장 좋다. 하지만 그것이 안 될 때에는 e-러닝을 활용하면 좋다. 내가 회계사 시험을 볼 때에는 e-러닝이 일반화되지 않아서 회계원칙이나 상법을 녹음한 카세트테이프가 늘어질 때까지 차에서 들었다. 회계원칙이 입에서 술술 나올 때까지 머릿속에 집어넣었던 것이다.

하지만 지금이라면 다양한 교재들이 나와 있다. 너무 일반적인 교재에 의지하지 말고 직접 어떠한 것이 나와 있는지 찾아보고 자신에게 맞는 것을 활용하기 바란다.

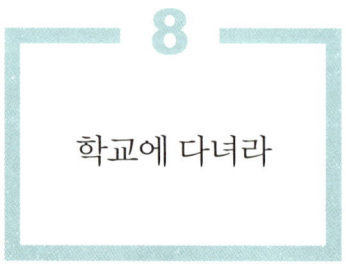

학교에 다녀라

학교는 동료들과 서로 협력할 수 있는 공부방이다
학교에 속박되면 공부를 지속하기 쉬워진다 · 학교에서 인맥을 만들어라

학교는 동료들과 서로 협력할 수 있는 공부방이다

학교에 다니는 장점으로는 눈과 귀를 통해 생생한 분위기를 느끼면서 공부할 수 있다는 점이다. 게다가 동료들과 함께 배울 수도 있다. 이것이야말로 일회성 강좌에 참여하는 것과 다른 점이다.

여러 가지 학습법 중에서 가장 효율적이고 동기부여가 지속되기 쉬운 방법은 같은 수준의 학생들이 모여서 서로 협력하며 배워가는 '커뮤니티 러닝'이다. 이 방법의 높은 학습 효과는 각종 분석이나 실험으로 밝혀지고 있다. 학교의 좋은 점은 이러한 커뮤니티 러닝의

연봉을 10배 향상시키는 비결 ⑰
동료들과의 관계는 또 하나의 보조 뇌이다

장소가 된다는 점이다. 일정 시간과 공간, 경험을 공유하면서 동료
와 함께 배우기 때문에 학습 자체가 즐거워진다.

　현재 직장인 대상의 대학과 대학원이 증가하는 추세이고 단기간
에도 논리적 사고나 영업 기술을 가르쳐 주는 곳이 늘고 있다. 적극
적으로 자신의 취향에 따라 회사에서 경비를 지원받거나, 아니면 자
기 돈을 투자해 다녀보도록 하자.

학교에 속박되면 공부를 지속하기 쉬워진다

학교의 또 하나의 장점은 강제적으로 그 시간에 공부를 할 수밖에 없게 된다는 점이다. 이것이 통신학습이나 강좌와의 커다란 차이이다. 바쁜 직장인의 경우 돈을 지불함으로써 학습 시간을 확보하는 것이다.

내가 최초로 근무했던 회사에서는 회사가 경비를 지원하여 반강제적으로 영어회화 교실에 다녀야 했다. 하지만 반 이상을 결석하면 수업료가 월급에서 삭감되었다. 이 때문에 어떻게든 출석하려고 기를 쓰면서 억지로 시간을 만들었다. 당시 신입사원들은 월급이 별로 많지 않았기 때문에 월급에서 삭감당하지 않기 위해 모두들 열심히 출석했다. 그 결과 TOEIC 점수가 1년 후에 배로 상승했다. 회사의 이런 제도 때문에 부담감이 생겨서 공부하기가 쉬웠던 것이다.

학교에서 인맥을 만들어라

나는 학교에 다니면서 많은 동료들을 만났고 공부를 스스로 즐기게 되었다. 최근에는 비즈니스 대학원, 법과대학원, 회계대학원 등 직장인 대상의 대학원이 늘어나고 경제적으로도 큰 부담이 되지 않기 때문에 흥미가 있다면 적극적으로 참가하기 바란다.

단지 학교에 다니는 것을 자격 시험이나 MBA를 따기 위한 목적으로만 여기지 말자. 그곳에서만 얻을 수 있는 점이 많다. 교수나 선배 경험자들에게서 정보를 수집하는 방법을 배울 수 있고 그곳에서 알게 된 동료들의 지식이 후에는 자신의 지식이 된다. 학교에서 만난 동료들과 양서에 대한 정보를 교환하고 그밖에 여러 가지 이익이 되는 정보를 나누면서 회사 이외의 인맥을 형성할 수 있다.

최근에는 커뮤니티나 메일 리스트를 간단히 만들 수 있기 때문에 학교를 졸업하더라도 관계를 유지할 수 있다. 오로지 자신의 노력이나 근성에만 의지하지 말고 어떻게 하면 공부를 즐기면서 학습 성과가 나오는지를 주위 동료들과 함께 생각해보라.

9

기초편의 정리

투자하면서 공부하는 방식을 구축해 나간다

투자하면서 공부하는 방식을 구축해 나간다

〈기초편〉에서는 공부의 다양한 요령과 구체적인 방법에 대해 살펴보았다. 기본적인 내용은 공부를 하면 행복해지고 돈도 생긴다는 것이다. 무엇보다도 월수입의 약 5~10% 정도를 학습에 지속적으로 투자하는 것이 중요하다. 좋은 준비물을 마련하고 좋은 콘텐츠를 구입하여 꾸준히 지속해나갈 수 있도록 여러 가지 방식을 설계하라.

특히 직장인들이 공부를 하고자 할 때는 의지나 노력을 믿어서는 안 된다. 인간은 공부에 나태해질 수밖에 없다는 사실을 항상 자각

해야 한다. 나태한 자신을 채찍질하면서 귀중한 월급을 쪼개 금전적으로 투자하면서 공부를 지속해나가는 방법을 구축해야 하는 것이다. 그렇게 구축한 공부 방법으로 확실한 기초를 익히는 것이다.

우선 전체의 큰 줄기를 파악한 다음 자세한 부분을 배워나간다. 배운 내용은 직장에서 성과로 나타내거나 자신의 블로그에 기록하고 시험을 치르거나 마인드 맵 정리를 하는 등의 방법으로 가능한 한 형상화를 시킨다. 지식을 머릿속에 입력한 만큼이 노력을 늘여 그 결과를 직접 테스트해보고 확인하는 과정을 거쳐야 비로소 자기 지식이 되는 것이다.

공부의 방식을 만드는 것, 그 방식을 사용해서 기초력을 기르면서 결과를 눈으로 확인하는 것, 이 두 가지를 동시에 실천하는 과정에서 업무의 성과가 높아지고 연봉이 올라가 행복해진다. 때문에 점점 공부도 지속하게 된다.

다만 성과는 연간 단위로 천천히 나타나기 때문에 바로 드러나지 않는다고 초조해하지 말고 TOEIC 점수나 부기의 급수처럼 눈으로 보이는 형태의 지표를 준비해서 학습 동기를 쌓아가는 것이 필요하다.

내가 이 책에서 설명한 직장인 대상의 공부법이 시중에 나와 있는 다른 공부법과 크게 다른 점은, 새로운 도구, 특히 IT 관련 기계를 얼마만큼 활용하여 공부를 꾸준히 지속하는 방식을 만드는가에 있다.

나의 학창 시절에는 공부할 때 CD가 없어서 카세트를 주로 이용했다. 그런데 CD가 나오자 나는 적극적으로 CD를 활용해 영어 공부를 했다. 요즘에는 MP3나 DVD처럼 신기술에 의한 도구들이 속속 등장하여 적극적으로 활용하면서 공부한다.

예를 들어, 강좌를 검색하거나 오디오북을 주문할 때 또는 다운로드한 내용을 MP3에 녹음할 때에도 컴퓨터가 없으면 효과적인 공부를 하지 못한다. 가능한 한 전용 노트북을 사서 항상 휴대하면서 자투리 시간을 활용하여 공부해야 한다. 분명 컴퓨터가 자신의 보조 뇌가 되어줄 것이다.

컴퓨터는 로컬의 하드디스크나 통신상의 인터넷 등 어느 쪽도 사용 가능하다. 나는 컴퓨터를 여러 대 갖고 있어서 한 대가 고장이 나도 다른 것으로 즉시 대체를 한다. 컴퓨터의 사이즈나 용량에 따라서 서로 다른 용도로 사용하는 것이다.

공부법에 있어서 다른 사람들과 차별화가 되는 요소는 '도구'와 '공부 방법'이다. 인간은 암기력이나 의지력에는 그다지 큰 차이가 없다. 이것을 착각하고 노력만 믿으면 뜻대로 성과를 올리지 못하고 지속할 수가 없는 것이다.

일반적으로 "아침 일찍 일어나서 공부의 양을 늘리고, 목표를 세운 다음 점점 세부적인 목표로 나아가면서 공부하라"로 충고한다. 이 같은 정공법이 누구에게나 가능하다면 고생할 필요 없다. 하지만 그게 가능하지 않기 때문에 가능하게 해주는 방법들을 고안해내야 한다.

공부도 스포츠처럼 좋은 도구와 좋은 코치를 준비해야 독학으로 연습하는 것보다 빨리 능숙해진다. 그 후 중요한 것은 어떻게 남는 시간에 연습량을 확보하느냐이다. 무턱대고 연습하면 단지 심신만 지칠 뿐이므로 올바른 방법으로 연습하라. 계획 없이 마음대로 해서는 결코 공부를 지속할 수 없다.

공부 방법을 세우기 위해서는 투자가 필요하다. 투자한 만큼 나중에 능력이 향상되어 연봉이 오르면서 회수된다. 반대로 이러한 의지가 없다면 연봉은 좀처럼 오르지 않는다. 투자도 하지 않고 단지 오르기만을 바라서는 안 된다. 공부에는 시간과 돈을 투자해서 성과를 올리는 것이 필요하다. 투자를 하지 않고 연봉만 올리려고 하는 것은 뻔뻔한 생각이다.

20대라면 월급의 5~10% 정도는 투자해야 한다. 만약 월급이 30만 엔이라면 3만 엔을 투자하라. 월 3만 엔으로 꽤 여러 가지가 가능하다. 그리고 매년 10%를 상회해서 연봉을 올리면 된다. 그것이 매년 25%, 16년간 계속 올라가면 10배가 되는 것이다. 복리계산은 정말 놀랍지 않은가.

수면 시간은 매우 중요하다. 머릿속에서 외운 내용을 정리해서 보존하려면 충분한 수면이 필요하다. 최소한 6~7시간은 잠을 자도록 하자. 그만한 시간이 확보되지 않는 경우에는 잠깐이라도 낮잠을 자라.

공부는 처음에 보이지 않는 곳에서 쌓아가는 것이므로 중간에 포기하면 안 된다. 공부의 성과는 금방 나타나지 않으며 어느 날 서서히 혹은 갑자기 나타난다. 이러한 성과를 한 번이라도 체험한 사람이라면 초기에 공부를 위한 투자도 망설이지 않는다. 영어 공부에 성공하면 영업 기술을 배울 때에도 인내심이 생긴다. 반대로, 성과가 좀처럼 드러나지 않는 시기에 포기해 버리면 습관이 되어 새로운 공부법이나 자기계발을 시도할 때 "이건 나한테 안 맞아"라고 하면서 금세 포기한다.

공부를 잘 하는 것은 공부를 하는 방법을 몸에 익히는 것이 가장 빠른 지름길이다. 여러 가지 기술을 익히기 전에 공부의 요령이 되는 기초력을 먼저 배운다. 공부량은 많으면서도 공부하는 방법을 몸에 익히지 않는 사람이야말로 가장 어리석다.

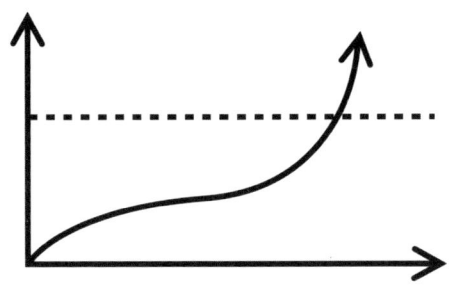

반복해서 강조하지만, 공부하는 방법은 처음에 큰 줄기를 잡은 후 세부 사항으로 들어가야 한다. 이렇게 하지 않으면 구체적인 내용에서 암기가 잘 되지 않고 다른 분야에 응용도 불가능하다.

성과가 나오는 것도 중요하지만 공부는 기초 실력이 쌓인 뒤에야 비로소 가능해지는 것이다. 우선은 기초 실력을 쌓아두어야 한다. 익히는 방법은 고안하기 나름이다. 노력에만 의존해서는 절대 안 된다. "한 시간 먼저 일어나서 열심히 하면 되지"라는 생각은 그만두어라. 이러한 방법은 정말로 의지가 강하지 않으면 결코 지속해나갈 수 없다.

사회인이 공부를 지속할 수 있는 방법에는, 1)과거 전통적인 학습 방법과 노력에 의존하지 않고 2)IT를 활용한 효율적인 방법을 마련하여 기초를 튼튼히 하고 3)성과를 눈으로 확인해가면서 자신이 직접 그 성공을 체험하는 것이다.

내 주위의 공부 잘 하는 사람, 능력 있는 사람은 모두 통신 기능이 장착된 노트북을 들고 다닌다. 책도 잘 읽을 뿐더러 여러 강좌에도 적극적으로 참가한다. 그렇다고 해서 절대로 하루 종일 공부만 하는 공부벌레는 아니다. 여유롭게 시간을 관리하면서 취미 생활도 곧잘 즐긴다. 이것은 자신에게 맞는 공부 방식을 자신의 판단으로 정립하여 그 성과로 높은 수입과 자유로운 라이프 스타일을 손에 넣었기 때문이다.

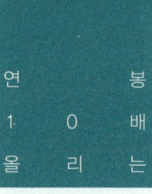

실천편

무엇을 공부하면 좋을까?

영어, TOEIC 860을 노려라

회계, 전문가를 능가할 지식이란?

IT, 모두가 원하는 알짜배기 분야

경제 신문을 꼼꼼히 읽어라

이직, 배운 것을 돈이 되게 활용하라

자산 운용, 공부한 내용이 수입에 직결된다

일정표에 앞으로의 계획을 적어보자

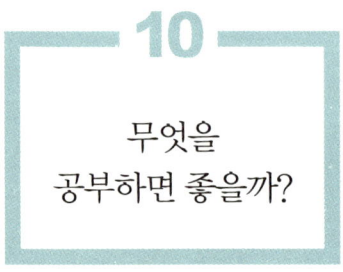

10

무엇을
공부하면 좋을까?

내일부터 바로 업무에 활용할 수 있는 것을 공부하라
최신 영업 기술을 빨리 몸에 익히는 데에는 영어가 필수
항상 문제 의식을 갖고 일하면 공부의 테마는 자연스럽게 만들어진다
내가 추천하는 필독서 · 업무의 활용 능력을 높이기 위해 공부하라
역사와 의사소통 활용 능력은 전 세계 공통 · 무리해서라도 학교에 다니면 많은 가능성이 열린다
학력이나 자격은 지식보다도 그 사람의 자질을 나타낸다 · 기왕이면 최상급까지 따라
학교에서 생긴 인맥은 졸업 후에도 귀중한 정보망이 된다 · 공부가 필요한 업무를 고르자

제9장까지 〈기초편〉이 끝났다. 기초편은 스포츠에 비유하면 유연성 체조나 스트레칭, 근육 트레이닝, 달리기에 해당한다. 이제 〈실천편〉에서는 이것들을 응용하여 어떻게 실제 기술로 연결시키고, 그 안에서 어떻게 확실한 성과를 낼 수 있는지에 대해 설명한다.

내일부터 바로 업무에 활용할 수 있는 것을 공부하라

당장 자격 시험이나 TOEIC 등의 필요성을 느끼지 않는 독자들이 가장 먼저 질문하는 것이 무엇을 공부하면 좋은가, 실제로 어떻게 해야 하는가이다.

가장 간단한 것은 내일부터 바로 업무에 활용할 수 있는 것을 공부하는 것이다. 여기에는 여러 가지 학습 동기가 있다. 가장 적합한 것 중의 하나는 "자신의 일상생활이나 미래를 위해 필요한 것을 배우고, 이를 반복하여 연습하는 것"이다. 내일부터 바로 업무에서 활용할 수 있어야만 바쁜 와중에도 지속하기 쉽다.

만약 영업 분야에 있는 사람이라면 영업 화술에 관한 공부를 하는 것이 좋다. 기초적인 사항은 회사에서 배웠겠지만 서점에 가면 관련 분야의 책들이 많이 있다. 이런 책들을 몇 권 읽어보고 한 가지나 두 가지라도 좋으니 실제로 실천하도록 한다.

최신 영업 기술을
빨리 몸에 익히는 데에는 영어가 필수

영업을 배울 때에도 영어가 도움이 된다. 마케팅이나 영업에 관련해서는 아무래도 현대 자본주의의 중심인 미국이 5년에서 10년 정도 앞서 있다. 따라서 국내서만 읽으면 아무래도 부족하다. 선진 기법을 누구보다 먼저 따라잡기 위해서는 최소한 번역본, 가능하면 원서나 영어 오디오북을 적극적으로 활용할 수 있어야 한다.

예를 들어, 미국에서는 몇 년 전부터 공감이나 감동을 주제로 한 '감성 마케팅'이 화제를 불러모았다. 이는 경제가 발전함에 따라 상품이나 서비스가 소비자들이 원하는 최저한의 기본만을 충족해주기 때문에 차별화가 어려워졌다. 따라서 단순히 상품의 기능이나 효용뿐만 아니라 그 상품을 접함으로써 고객이 어떤 경험을 할 수 있고, 상품이 갖는 스토리를 어떻게 공감할 수 있게 하느냐를 중시한 마케팅이다. 상품이나 서비스를 판매하는 분야에 종사하는 사람이라면 흥미를 갖고 배울 필요가 있다.

나는 미국 예찬론자는 아니다. 하지만 좋은지 나쁜지는 별개로 하고, 현실적으로 자본주의는 미국을 중심으로 돌아가고 있다. 또한 유능한 인재나 지혜가 밀집되어 있기 때문에 자본주의를 바탕으로 한 기술 개발은 아무래도 미국이 가장 빠를 수밖에 없다.

일본에서는 소프트뱅크의 손정희가 주창한 '타임머신 경영'이라는 것이 있다. 이는 미국에서 성공한 사례를 일본에 수입한 것이다. 보다 발전된 사회에서 유행하는 아이디어를 다른 사람보다 빨리 주목한 것만으로도 차별화를 이룰 수 있다. 물론 유행하는 내용은 1, 2년 뒤면 누군가가 번역해서 도입할 것이다. 그러나 그저 기다리기보다는 원서로 공부하는 것이 한발 두발 앞서가는 방법이다. 이것만으로 충분히 영어를 공부할 동기가 된다.

항상 문제 의식을 갖고 일하면
공부의 테마는 자연스럽게 만들어진다

즉 "이번엔 이걸 배우고 싶다"는 생각이 저절로 들려면 항상 자신이 하는 일에 대해 문제 의식을 가질 필요가 있다. 그저 빈둥거리며 시키는 일만 한다면 무슨 책을 읽어야 할지도 결정하지 못한다.

평소에 업무를 하면서 지금 업무 방식은 이런데 왠지 성과가 오르지 않는다, 어떻게 하면 좋을까, 내가 뭘 배우면 좋을까라는 문제 의식을 갖고 있어야 한다. 일하면서 상사나 동료에게 배우는 것도 중요하다. 하지만 거기서 배울 수 없는 것 또는 남보다 앞서 배워야 할 것은 무엇인지 생각해야 한다. 사내 교육이나 연수를 통해 업무상 필요한 영업 기법이나 기획서 작성법 등은 배울 것이다. 그 밖에도 회사 동료나 타 회사 라이벌들보다 한 발 앞서나가기 위해서는 무엇을 배워두어야 할지 항상 고민할 필요가 있는 것이다. 이런 생각을 하면서 서점을 돌아다니면 거기에 맞는 책이 눈에 확 들어온다. 만약 그렇지 않다면 아직 문제 의식이 부족한 것이다. 의식하지 못하는 문제는 결코 해결할 수 없다.

내가 추천하는 필독서

상품개발 담당자처럼 유행을 선도하는 방법이나 잘 팔리는 상품의 개발 방법에 대해 의식하는 사람이라면, 클레이튼 크리스텐슨의 〈성공기업의 딜레마〉, 〈성장과 혁신〉, 〈미래 기업의 조건〉이 도움이 될 것이다.

금융에 관한 업무를 하고 있다면 금융에 관한 활용 능력을 익히기 위한 공부를 하면 된다. 최소한 로버트 기요사키의 〈부자 아빠 가난한 아빠〉는 읽어두는 편이 좋고, 조직에서 새로운 것을 시도하는 변화경영을 알고 싶다면 스펜서 존슨의 〈누가 내 치즈를 옮겼을까〉는 읽어볼 만한 가치가 있다.

그 밖에도 제조업과 관련된 일을 하는 사람이라면 엘리 골드렛의 〈더 골〉을 읽으면 도움이 된다. 어떤 업종에 있는 사람이라도 다른 사람과의 관계와 자신의 성장을 생각한다면 스티븐 코비의 〈성공하는 사람들의 7가지 습관〉과 제임스 알렌의 〈원인과 결과의 법칙〉은 반복해서 읽기를 당부한다.

업무의 활용 능력을 높이기 위해 공부하라

앞에서도 강조했듯이, 금융에 대한 '활용 능력' 이라는 말은 학습에 있어서 하나의 키워드가 된다. 이는 무언가를 이해하기 위한 토대가 되는 지식과 기술이다. 이 활용 능력의 유무에 따른 학습 효과의 차이는 각종 실험에 의해서도 증명되고 있다. 다시 말해 새로운 것을 공부할 때에는 그 분야의 기초 지식이나 기초 기술을 얼마나 알고 있느냐가 공부의 효율과 성과를 크게 좌우한다. 따라서 자신의 업무 분야가 영업이라면 영업 활용 능력이 필요하고, 경리라면 경리 활용 능력이 필요하다. 그러므로 자신의 전문 분야의 기초를 탄탄히 해줄 공부를 지속해 나가야 한다.

일정 분야의 지식을 어느 정도 지니고 있으면 '딥 스마트' 라는 현상이 일어난다. 이는 돌발적인 상황이 발생했을 경우에도 지금까지의 지식을 활용하여 비교적 용이하게 대처할 수 있다는 걸 의미한다.

역사와 의사소통 활용 능력은 전 세계 공통

대부분의 사람들은 역사를 좋아한다. 역사 공부의 좋은 점은 전 세계 공통의 활용 능력이기 때문이다. 역사는 반복되는 것처럼 인간의 습성이나 가치관이 획기적으로 변하지 않는 이상, 일정한 주기로 과거에 발생했던 사건은 앞으로도 일어난다.

경제가 발전하면 거품경제는 항상 발생하고, 불황과 호황의 주기가 나타나며, 제조업에서 서비스업으로의 이동, 기술혁신에 따른 사회 변화 등의 현상이 항상 일어난다. 이처럼 과거의 역사를 배우면 장래의 예측이 가능해진다. "내일 당장 도움이 되는 것"을 공부하는 것도 중요하지만 거시적으로 미래의 자신의 행동에 도움이 되는 것도 배워야 한다.

일반적으로 의사소통을 위한 활용 능력도 전 세계에 통용되는 기술이므로 공부할 가치가 있다. 논리적 사고Logical Thinking에 관련된 도서는 사람들과 논리적으로 대화하는 방법을, 적극적인 경청Active listening에 관련된 도서는 사람의 이야기를 경청하는 방법 등에 대한 기술을 알려준다. 일상의 업무 속에서 다른 사람들과 어떻게 의사소통을 하고, 효율적으로 지식의 성과를 드러내며, 어떻게 사물을 생각하는지에 대한 기법이 담겨져 있을 것이다. 따라서 논리적 사고나 경청에 관련한 책들은 읽어볼 가치가 있다. 또한 시중에 인기 있는 자기계발서도 커뮤니케이션 기술에 대한 내용이 담겨 있으므로 꼭 읽고 배워두어야 한다.

무리해서라도 학교에 다니면 많은 가능성이 열린다

어떤 목적이 있어서 공부를 하고 싶지만 구체적으로 어디에 소속되어야 할지 모르겠다. 또는 좀 더 체계를 세워서 폭넓은 지식을 익히고 싶은 사람에게는 직장인 대상의 대학원이나 통신교육이 도움이 된다.

수도권에 사는 사람이라면 비교적 선택권이 넓다. 반면 선택의 폭이 좁은 지방이라면 방송통신 교육을 활용할 만하다. 인터넷을 검색하면 비교적 넓은 범위의 여러 가지 통신교육이 정리되어 있으므로 교재가 부족해서 공부를 못하는 경우는 없다.

단지 통신교육의 문제는 "지속해나갈 수 없다"는 것이다. 따라서 반강제적으로 지속하는 방식, 예를 들어 가족에게 자신이 공부를 할 것임을 선언해서 구속을 받는다거나, 전부 끝마치지 않으면 회사에서 수강료를 지원하지 않는 제도를 활용하는 등 무언가 규칙을 정할 필요가 있다. 그것이 어렵다면 억지로라도 학원이나 학교를 다니도록 하자.

나는 36살에 석사 과정을 밟기 시작해 38세에 마쳤다. 내가 다녔던 와세다 대학원의 파이낸스 MBA 코스는 평균 연령이 34세였지만 20대부터 50대까지 폭넓은 연령층의 수강생이 있어서 몇 살이든 결코 늦은 것은 아니었다.

내가 석사 과정에 다니게 된 것은 사소한 계기에서 비롯되었다. 원래부터 석사는 따려고 생각하고 있었지만 좀처럼 계기가 오지 않다가 30대 중반을 맞이했을 때쯤 결심을 굳혔다. 가끔 애널리스트 협회 주최로 실험 파이낸스라는 강연에 참석할 기회가 있었다. 그 강연이 너무 재미있어서 강연이 끝난 후 강사를 했던 와세다 대학의 히로다 선생에게 "이 내용을 좀 더 알고 싶은데 어디서 배울 수 있나요?"라고 물었다. 그러자 "와세다 대학의 파이낸스 연구회에 다니세요"라고 일러주는 것이었다.

모집 기간이 촉박했으므로 나는 부랴부랴 직속 상사에게 추천을 받았고(학비는 내가 부담), 출신 대학에 가서 성적증명서를 받아 운좋게 입학할 수 있었다. 이것이 계기가 되어 지금은 박사 과정까지 진학하게 되었다. 이처럼 배우고 싶은 것을 발견하면 어떻게 그것을 배울 수 있는지 생각하게 되고, 공부는 어떻게든 하게 되는 법이다.

학력이나 자격은 지식보다도 그 사람의 자질을 나타낸다

파이낸스 MBA에서 느낀 흥미로운 사실은 졸업생이 출세하는 경우가 비교적 많다는 것이다. 다시 말하면, 공부한 내용 그 자체를 활용한다기보다는 회사 측에서 2년 동안 야간 업무를 줄여서 공부를 시키는 것이므로 그만큼 회사에 대한 보답으로 성과를 내고 승진되는 경우가 많다는 뜻이다.

학력이 높다고 해서 항상 업무 능력이 뛰어난 것은 아니지만 아무래도 그 사람의 학력이 중시되는 경우가 많다. 결국은 확률인 것이다. 일류대학을 졸업한 사람은 확률적으로 업무를 빨리 익힐 능력이 있다. 학력이라는 것은 모집단의 표본으로 사용되기 때문이다. 따라서 회사 업무를 끝내고 MBA 코스에 들어가 졸업한 사람은 그만큼 의욕 있고 능력을 갖춘 사람이라는 것이 입증되므로 회사에서도 출세할 가능성이 높아지는 것이다.

자격 시험이 중요한 이유는 자격이 학력과 같은 역할을 하기 때문이다. 회계사나 세무사 자격을 취득한 사람은 시험 공부를 하는 동안 잘 견뎌내고 시험 출제위원들의 의도를 파악해서 열심히 노력한 사람일 확률이 높다. 결국 자격이나 학력은 단순히 그 내용의 지식보다도 그 사람의 자질을 나타내는 지표가 되는 것이다.

따라서 자격증을 따는 것이 취미인 사람이 있기도 하지만 희소성 있는 자격이라면 인사이동이나 전직 때 큰 위력을 발휘한다. 실제 능력과 관계없이 이력서에 있는 자격만으로도 그 사람이 능력이 있다고 판단하는 것이다.

나의 경우도, 처음 회계사 사무소를 그만두고 은행으로 이직했을 때 〈해고, 잘 당하라〉로 유명한 우메모리 코이치가 그 은행의 채용 담당자였다. 후에 들은 바에 의하면, 그가 나를 채용한 이유 중의 하나는 온라인 기술자 자격증 때문이었다 한다. 은행 업무와 관계는 없지만 그 자격증에 신선함을 느꼈다고 한다. 내가 응모한 직종은 '딜러'로 꽤 인기 직종이라 수십 명의 후보자가 있었지만 금융 경험이 전무한 내가 뽑힌 배경에는 그런 사소한 차이가 승부를 갈랐던 것이다.

자격 시험, 기왕이면 최상급까지 따라

따라서 전문가로서 자신의 자질을 증명하기 위해서든, 기초를 쌓기 위해서든 기왕 자격 시험을 준비한다면 최상급까지 따라. 영어나 부기의 경우 2급이나 3급이라면 누구나 갖고 있으므로 1급까지 따는 것이다. 그렇게 하면 당연히 사람들 눈에 띄고 도움이 된다. TOEIC 이라면 900점을 넘겨라. 시스템 쪽이라면 기술사 같은 합격률이 낮은 시험에 도전해 보라. 간단한 자격증만 갖고 있으면 단지 취미생활로 자격증을 따는 사람으로 보이기 쉽다. 권위와 명예로운 자격증은 학력과 같다.

또한 자격증이라는 것은 상대의 실적을 몰라도 업무가 가능한지 어떤지를 예측할 수 있다.

학교에서 생긴 인맥은
졸업 이후에도 귀중한 정보망이 된다

직장인 대학원의 장점은 인맥이 생긴다는 점이다. 갑자기 곤란한 일이 생겨서 누군가에게 상담하려고 할 때 이를 이용하면 된다. 내가 다닌 와세다 대학원의 파이낸스 MBA는 한 학년이 120명 정도였다. 따라서 서로 고객이 되거나 동료이기 때문에 유용한 상담자들이 된다. 이런 관계는 졸업 후에도 이어진다. 이는 마치 대학의 동창생들이 졸업 후에도 인맥이 되는 것과 똑같은 구조이다.

직장인 대학원이 아니어도, 예를 들어 그로비스(Globis, 일본 비즈니스 스쿨)의 마케팅 교실도 마찬가지다. 동료들이 가진 자신의 몇 배나 되는 지식과 지혜를 자기 것으로 만들 수 있는 기회가 된다. 이는 인터넷 활용과 똑같은 원리이다. 자신이 얼마나 많은 정보를 갖고 있느냐보다 얼마나 정보를 얻을 권한을 갖고 있는지가 더 중요하다.

공부가 필요한 업무를 고르자

공부에는 입력과 출력이 똑같이 중요하다고 강조했다. 성과를 드러내는 출력의 장소로는 무엇보다도 회사가 가장 좋다. 성과를 드러내기 가장 적합하기 때문이다. 더욱이 다음에는 무엇을 공부할 것인가라는 목적 의식이 생겨 더욱 성과를 낼 수 있다.

결국, 더 공부를 하고자 한다면 가능한 한 여러 사람들을 만나서 다양한 요구 조건이 있는 장소에 소속되어 있는 것도 좋은 방법이 된다. 일반적으로 프로페셔널 펌(전문집단)처럼 법률법인, 컨설팅 회사, 회계 사무소 등이 그런 장소로 적합하다. 이유는 업무상 공부를 계속해야 하기 때문이다.

　그 밖에 일반적으로 외부의 사람을 만나지 않으면 안 되는 업무도 공부의 향상이 빠르다. 나와 다른 스타일의 사람을 만나면 자극을 받게 된다. 그들을 통해 자신이 무엇이 부족한지, 무엇을 공부하면 좋은지를 몸소 체험하게 된다.

연봉 **10**배 올리는 공부법

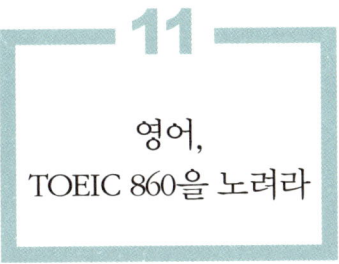

11

영어,
TOEIC 860을 노려라

영어를 잘하면 왜 수입이 증가하는가 TOEIC 800점대를 목표로 지금부터라도 늦지 않았다!
영어학원은 영어 학습의 지름길 귀로 듣는 공부를 겸하라 어휘력을 높여라
발음은 듣기로 고친다 일상 생활 속에서 사용하라 선배의 조언을 믿고 시도해보라
통근 시간을 이용하라 외국인 친구를 만들이기 초급자는 우선 오디오북 1,000시간을 목표로
CD-ROM이나 닌텐도 DS도 즐겨보자 좌우지간 꾸준히 지속하는 것 외에 왕도는 없다

영어를 잘하면 왜 수입이 증가하는가

〈실천편〉의 첫 번째는 바로 영어이다. 영어부터 시작하는 이유는, 영어를 잘하면 수입이 증가할 확률이 비약적으로 상승하기 때문이다.

실제로 오사카 부립대학의 케이노 강사가 리크루트와 공동으로 2005년에 1만 4천 명의 노동자를 대상으로 실시한 조사에서, 영어를 직장에서 사용하는 사람이 사용하지 않는 사람에 비해 여성은 40%,

남성은 18% 연봉이 높다는 결과가 나왔다.

그렇다면 왜 영어를 잘하면 수입이 증가하는 것일까? 영어를 잘하면 급료가 높은 외국계 회사로 옮길 수 있고, 영어를 사용하는 업무에 취직하기 쉽다는 점 등은 누구나 알고 있는 상식이다. 하지만 이것 이외에도 더욱 큰 이점이 있다. 즉, 영어가 유창해지면 구매나, 판매 시장이 일본이라는 작은 시장에서 전 세계로 확장된다는 것이다.

정보나 제품, 서비스의 공급처와 판매처가 넓어진다. 지금까지 일본인 또는 일본어를 사용하는 사람들만 상대하던 것이, 영어를 잘하게 되면 해외의 모든 사람들이 전부 비즈니스 대상이 된다. 지금까지의 1억 2천만 명이었던 시장이 갑자기 세계의 65억 명의 시장으로 넓어지는 것이다. 이를 알고 있는 사람과 그렇지 않은 사람 사이에는 큰 차이가 있다.

이것을 이해한다면 외국 자본계의 일부 회사의 급료가 비판을 받을 정도로 높은 이유도 이해될 것이다. 단순하게 말하면, 일본만을 상대하는 회사에 비해 고객 수의 차원이 다르다. 그 결과 담당자 한 명 당 고객 수도 늘어나기 때문에 이윤이 높은 고객만 맡아도 회사에서는 불만이 없다. 일본어밖에 할 줄 모르면 외국인 손님에게 서비스를 제공할 수 없기 때문에 같은 업종에서 영업해도 활동 범위가 크게 차이가 난다.

예를 들어, 출판의 입장에서 보면 일본은 압도적으로 대미무역 적자의 상태이다. 일본에서도 여러 좋은 책이 나오고 있지만 유명한 책 일부를 제외하고 해외에서 판매량이 저조한 이유는 출판사가 해외를 겨냥해 콘텐츠를 제공하고 싶어도, 일본어와 영어가 유창하고 능력도 출중한 편집자가 좀처럼 드물기 때문이다. 그 결과, 일본은 책을 읽는 사람에게는 좋은 환경이지만(저자에게는 불리하더라도) 전체적으로 출판시장에 비해 책의 종수는 많아도 한 권 당 매출이 높지 않은 데다가 책 가격도 해외에 비해 낮은 편이다.

이러한 기본적인 시장 원리를 이해하면 연봉을 올리는 데 가장 손쉬운 수단은 결국 영어임을 깨닫게 된다. 최근 갓 졸업한 직장 새내기들은 영어가 유창한 것은 물론이고 중국어나 포르투갈어 등이 가능한 수준이 안 되면 가치가 하락하는 경향조차 보인다.

TOEIC 800점대를 목표로

세계시장에서 통용되는 최저한의 영어 실력은 TOEIC 800점대 정도이다. 상대가 정말 중요한 파트너나 고객일 때는 그가 TOEIC 600~700점대의 실력이라도 참고 상대해 주겠지만 860점 정도는 되어야 의사소통에 무리 없이 자연스러운 대화가 가능하다.

실제로 일본어가 가능한 외국인과 대화를 나눠본 적이 있는 사람

연봉을 10배 향상시키는 비결 ⑲
영어라는 열쇠로 문을 열면 세계시장이 펼쳐진다

이라면 내 말을 이해할 것이다. 상대가 아무리 유능해도 적절한 일
본어를 구사하지 못하고 문법적인 실수를 하면 그의 서투른 일본어
자체에 신경이 쓰여 웬만해선 상담 자체가 잘 이루어지지 못한다.
TOEIC의 점수가 낮다는 것은 이 같은 스트레스를 상대에게 부여하
는 것과 같다.

　TOEIC 800점대 정도는 되어야 일반적인 회화가 가능하다. 중요한
점은, 막연히 "영어를 잘했으면 좋겠다"라고 생각해서 단순히 공부
를 위한 공부로 영어를 배우는 것이 아니라, 자신의 가능성을 일본
이라는 좁은 울타리 안에 국한시키지 말고 전 세계로 넓히는 새로운

열쇠를 손에 넣는다고 생각하고 공부하는 것이다. 실제로 영어는 일본 밖으로 나가는 문을 열 수 있는 열쇠이기 때문이다.

지금부터라도 늦지 않았다!

그렇다면 어떻게 영어를 공부해야 할까. 솔직히 해답은 없다. 어릴 적부터 착실히 공부하는 것이 가장 좋다. 영어가 유창한 사람은 학생 시절부터 공부를 해 유학을 가는 케이스가 많다. 그리고 현지 대학에 입학하여 더욱 확실한 영어를 몸에 익히고 졸업한다.

하지만 이렇게 의지가 높은 사람을 제외하고 대부분은 과거의 나처럼 영어에 대해서는 무관심한 채 대학을 졸업하고, 정신차려 보니 이제 너무 늦었다고 생각한다. 하지만 포기할 필요는 없다. 그 지점에서 공부를 시작하면 확실히 만회할 수 있다.

나의 경우에도 대학을 졸업한 후 취직한 곳이 우연히 외국계 회사였기 때문에 영어를 배워야만 했다. TOEIC은 420점, TOEFL은 470점이라는 형편없는 점수였다. 하지만 그 이후 TOEIC 점수는 약 1년 만에 740점, 3년 후에는 900점까지 올라갔다. 이러한 성과를 올릴 수 있었던 것은 TOEIC을 공부할 필요성이 있었기 때문이었다.

나는 입사 당일의 충격을 아직도 잊지 못한다. 사원이라면 당연히 기입해야 할 영어 서류에 'major'라는 항목이 있었다. 필자는 무엇

131

을 써야 할지 알 수 없었다. 사전을 찾아 그 뜻이 '전공'임을 알았지만 '상학부'라는 영어 단어가 떠오르지 않았다. 그래서 다시 사전을 뒤져서 merchant라고 썼다(물론 정답은 Business and Commerce 이다).

이런 정도였으므로 회사 내의 사보도 전혀 읽을 수 없었다. 모르는 영어 단어가 한 행에 3개 정도는 있었던 것이다(한 페이지에 3개가 아니다). 이것 역시도 사전을 찾아가면서 읽어나갔다(실제로는 별것 없는 내용이 많았지만). 마치 아이가 말을 처음 익히는 것처럼 우선은 눈과 귀로 배워나갔다.

다행히도 우리들은 성인이므로 아이처럼 여러 번 시행착오를 거치지 않아도 문법이나 발음, 어휘의 훈련을 받고, 이해하고 기억해서 지식을 쌓아가는 공부 방법을 취하는 것이 가능하다. 그렇다고 해도 어학에서 문법을 배제할 수는 없다. 왜 여기에 s가 붙고, 왜 in이 아니고 on이어야 하는지 외워야 하는 문법도 잔뜩 있다. 하지만 그렇게 하면서 어느 정도 꾸준히 외워나가면 어느 순간 영어 실력이 향상되어 있음을 깨닫는다.

영어회화 학원은 영어 학습의 지름길

영어 공부를 시작하려면 먼저 영어회화 학원에 다녀라. 영어는 언어이기 때문에 좌우지간 말로 해봐야 한다. 이 경우, 영어회화 학원을 선택하는 기준은 매우 중요하다. 학원은 무수히 많기 때문에 수준 낮은 학원에 다니면 괜히 시간만 낭비할 뿐이다.

거창하게 광고만 하는 대규모 학원은 강사진의 수준이 별로일 가능성이 높다. 대규모 학원은 대량으로 강사들을 고용하는 곳이고, 대부분 정말로 좋은 학원이라면 굳이 광고를 하지 않아도 입소문으로 학생이 몰려든다. 하지만 간혹 양심적으로 운영하는 학원은 지나치게 규모가 작아서 경영난에 허덕이는 경우도 있다. 따라서 균형적인 중규모의 학원을 추천한다. 외국계 회사의 지정 학원도 이러한 곳이 많다.

가장 좋은 방법은 맨투맨 학원을 다니는 것이 효과적이지만 비용이 너무 비싸서 부담스럽다면 그룹 지도도 상관없다. 아침 시간대의 사람이 적은 학원을 노려라. 맨투맨이어도 가격이 비싸지 않은 곳도 있다. 물론 그럴 때에는 가격이 낮을 수밖에 없는 수준의 강사밖에 없을 수도 있으므로 주의해야 한다.

귀로 듣는 공부를 겸하라

영어회화 학원에 다니면서도 귀로 듣는 공부, 즉 CD나 그 밖의 도구들을 같이 사용하라. 나에게 가장 도움이 되었던 것은 ALC의

TOEIC 730점 코스로 주로 출퇴근 시간에 들었다. 이 코스 덕분에 1년만에 TOEIC 730점이 넘었다. 초보자라면 460점 코스를, 어느 정도 실력이 있는 사람은 860점 코스를 이용하면 된다.

다른 교재도 좋은 것이 많지만 꾸준히 지속할 수 없다는 단점이 있다. 하지만 TOEIC 코스에는 독해나 청취가 포함되어 있고 TOEIC 점수를 통해 자신의 성과가 측정되므로 동기부여가 생긴다. 출퇴근 길에 꾸준히 들으면서 첨부된 테스트를 풀어보는 습관을 길러라.

그 밖에도 기본 예문을 녹음해서 테이프로 들었다. 예문이 배경 음악에 맞추어 계속 흘러나온다. "How are you?" "I'm fine thank you, and you?"와 같은 문장이 들어 있는 테이프를 계속해서 듣는다. 기억하기 위해서 듣는다기보다는 틈날 때마다 계속 들었다. 아직도 그 당시의 바로크 음악과 함께 강사의 목소리가 기억난다. 여러분도 한 번 시도해 보기 바란다. 특별히 고생하지 않아도 머릿속에 영어 문장이 남는다.

어휘력을 높여라

청취와 어휘의 관계도 중요하다. 영어가 유창하다고 하면, 대부분 뭐든지 들을 수 있을 것이라 생각하지만 실은 잘 들리는 분야와 그렇지 못한 분야가 있다. 나는 대부분 비즈니스 영어만 사용하기 때문에 비즈니스 영어라면 특별히 큰 무리 없이 읽기 쓰기도 되고, 말하기도 가능하지만 코미디 영화나 트렌디 영화는 그렇지 못하다. 이는 영화에서 말하는 사람의 어휘력과 내가 갖고 있는 어휘력이 다르기 때문이다.

모르는 단어는 들리지 않는다. 다시 말해, 읽을 수 없는 것은 들을 수도 없다. 영어회화 학원에 다니면서 영자신문이나 영어잡지를 부지런히 읽어라. 그러면 어느새 영자신문을 막힘 없이 읽어나가게 되고 동시에 들을 수도 있게 된다.

나는 직장인이 된 후 영어를 외웠기 때문에 발음은 그다지 좋지 않다. 그래도 어느 정도 청취가 되는 것은 나의 어휘 수가 많기 때문이라고 영어 강사가 칭찬을 했다. 청취력을 높이려면 어휘력을 늘려야 한다.

발음은 듣기로 고쳐라

발음을 고치는 방법을 설명하겠다. 나는 졸업 후 r이나 l, b와 v의 발음 구별이 전혀 되지 않았다. 원어민들은 일본어 악센트가 강한 내 영어를 알아듣지 못하고 다시 되묻기 일쑤였다. 그것은 나에게 상당한 콤플렉스였다. 이쪽은 제대로 말하고 있는데도 상대방은 못 알아들으니 말이다.

나는 원어민이 사용하는 교재로 부단히 연습을 해서 영어 발음 콤플렉스에서 벗어났다. 발음을 어느 정도 고치면 우물우물 작은 목소리로 말해도 대부분 이해한다. 이것은 상당히 충격적 체험이었다. 출장으로 1주일간 미국에 갔다 온 후, 나의 영어 강사는 "어떻게 그렇게 발음이 좋아졌냐"며 매우 놀랐다. 1주일간 미국의 현지 영어를 꾸준히 듣고 있었기에 가능한 일이었다. 이는 노래방에서 노래를 외우는 것과 같은 원리이다. 몇 번이나 반복해서 들으면 자연스럽게 가능해진다.

일본인 중에는 문법을 그다지 신경 쓰지 않는 사람이 많은데, 언어는 정확한 문법으로 말해야 한다. 물론 3인칭의 s가 빠졌거나 전치사가 한두 개 틀려도 의미는 통한다. 하지만 우리들도 그렇듯이, 상대방이 기본적인 문법을 틀리면 그것에 유난히 신경이 쓰여 잘 이해할 수 없게 된다.

나의 영어 실력이 향상되기는 했지만 아직도 내 영어는 일본식 영어이다. 완벽한 원어민처럼 고치려 생각도 해봤다. 하지만 유창하게 영어를 구사하는 사람들은 이렇게 말한다. "발음이 완벽해지면 그 다음에는 내가 상대하는 엘리트들인 원어민에 비해 어휘가 현저히 부족하기 때문에 오히려 아이들이 하는 영어처럼 느껴지므로 어느 정도는 일본식 영어의 느낌을 남기는 편이 좋다." 나는 그 조언을 듣고 완벽한 원어민 발음을 그만두었다. 그러므로 발음에 관해서는 상대가 알아들을 정도까지만 훈련하는 편이 좋다. 지나치면 오히려 투자 효과가 떨어지기도 한다는 것을 기억해야 한다.

일상생활 속에서 사용하라

나는 일상적으로 업무에서 영어를 사용하고 있기 때문에 자연히 원어민의 이메일을 읽는 것만으로도 영어를 배운다. 이처럼 업무에서 영어를 실제로 사용하고 있으면 자동적으로 공부가 가능해진다. 게다가 읽기가 어려울 정도로 번역 수준이 형편없는 책은 차라리 원본으로 읽으면 훨씬 느낌이 생생하다.

내가 개인적으로 재미있게 했던 영어 공부로 컴퓨터 개인수업이 있었다. 지금으로부터 15년 전에는 아직 컴퓨터가 PC98밖에 없었고 소프트웨어나 부속품도 수준이 낮았다. 그 당시 1달러가 120엔 정도였는데 실질적으로는 1달러에 170엔 정도로 환산된 가격 수준에서 팔리고 있었다. 어떻게든 싸게 살 방법은 없을까 고심하다가 인터넷으로 검색해서 'Computer Shoppers' 같은 미국 컴퓨터 통신잡지를 보고 직접 미국에서 사기로 마음을 먹었다. 그 당시 내 영어 실력은 TOEIC 600~700 정도였다. 국제전화를 걸어 미국에 있는 사람에게 "저번에 부탁한 CD가 아직도 오지 않았는데요"라고 말했다. 물론 처음에는 "00씨입니까?"라고 물었는데 상대방이 "speaking!"이라고 대답했다. 하지만 나는 그것을 알아듣지 못하고, 세 번만에야 겨우 그가 "speaking"이라고 말하고 있음을 눈치 챘다.

이런 식으로 자신의 관심 있는 분야에 영어 실력을 활용해보자. 당시 일본에서 약 7만 엔 정도 하던 것을 4만 엔 정도에 살 수 있었다. 매뉴얼도 당연히 전부 영어였기 때문에 듣기 공부도 되었다.

선배의 조언을 믿고 시도해보라

무엇보다도 공부의 요령으로는 "공부의 조언을 정직하게 따라하는 자세"가 중요하다. 내가 대학생이었을 때 영어의 청취 수업을 들은 적이 있었다. 비교적 쉽게 들리는 '007 위기일발'이나 '스탠바이미'와 같은 평범한 곡을 해석 없이 들려주고 나중에 답을 맞추어보는 방식이었다.

나는 당시 평균보다 꽤 높은 90점 정도를 받고 있었는데, 어느 날 교수가 나에게 앞에 나와서 모두에게 어떻게 공부했는지를 들려주라는 것이었다. 하지만 나는 솔직하게 교수가 말한 대로 그 곡을 하루 5번 이상 들은 것밖에 없었다. 다만 다른 학생들은 그 말을 그냥 흘려듣고 시도하지 않았을 뿐이었다.

모든 공부의 기본은 정직이다. 나는 언제나 "속는 셈치고 시도해보라"라고 말한다. 물론 자신에게 맞는 선생님을 적극적으로 찾는 것도 중요하다. 내가 1년 반 정도 배웠던 어느 미국인 영어회화 강사는 경제학 학위를 갖고 있었는데 일본어가 조금 가능해서 일본에서 아르바이트를 하고 있었다. 나는 그에게 경제학에 대한 영어 공부도 같이 배운 덕분에 영어와 경제학도 동시에 익힐 수 있었다. 물론 처음부터 운 좋게 그 강사와 만난 게 아니라 내가 학원에 몇 번이나 요구해서 강사를 바꾼 결과이다.

통근 시간을 이용하라

영어는 업무의 영역을 확장해주고 정보량을 늘려준다. 따라서 매일 NHK의 라디오영어를 5분 정도 듣기에는 공부 시간이 지나치게 적다. 최소한 하루에 한 시간 이상은 투자해야 한다. 통근 시간을 활용하면 어렵지 않다. 나도 통근 시간을 이용해 영어를 공부했다.

영어회화 학원에는 이른 아침에 갔다. 7시40분에 시작하는 40분 코스. 회사에 가는 길에 위치한 학원을 선택했기 때문에 집을 나와서 학원에서 40분 공부하고 그대로 회사에 가는 식이었다. 급한 일로 학원에 가지 못할 때에도 빨리 집에서 나가게 되어 통근도 여유가 생겼다. 이른 아침에 학원에 오는 사람이 적어서 1인당 발언 기회도 많아지고 효율적으로 공부가 가능했다.

외국인 친구를 만들어라

또 다른 요령으로는 외국인 친구를 만드는 것이다. 내가 맥킨지에 재직할 당시에 연수 차 뉴욕에 갈 기회가 있었는데 미국인 여성과 친구가 되었다. 그녀는 당시 발음이 안 좋았던 내 영어를 인내심 있게 들어주었다. 하지만 잘 알아듣지 못해 다시 질문할 때가 많았다. 나는 내 생각을 영어로 유창하게 표현하지 못해 답답했지만 어떻게든 그녀와 자연스럽게 의사소통을 하고 싶다고 생각했다.

그녀와는 기껏 1년에 한 번 정도 만날 수 있었는데 다음번에 만날 때에는 영어 실력을 좀 더 향상시켜야겠다고 다짐했다. 마침내 그녀와 재회하여 그녀로부터 영어가 많이 늘었다고 칭찬을 받으니 더욱 의욕이 생겨서 더욱 열심히 공부하게 되었다.

그녀는 예일 대학의 로스쿨에 다니는 매우 유능한 인재여서 이메일을 주고받는 것만으로도 상당히 도움이 되었다. 그녀의 이메일을 나의 원어민 강사에게 보여주자 그는 그녀가 매우 교양이 있는 엘리트라는 걸 금방 알아차렸다. 문장에 운율이 있고 고급 어휘를 사용하기 때문이라는 것이었다.

고급 영어를 구사하는 상대와 영어로 일을 하면 자극을 받아 자신도 언젠가는 그와 같은 고급 영어를 쓰고 싶다는 의욕이 생기는 것이다.

연봉 10배 올리는 공부법

닌텐도 DS

초급자는 우선 오디오북 1,000시간을 목표로

초보자는 무엇부터 공부를 해야 하는가? 우선은 〈기초편〉에서도 소개한 오디오북을 추천한다. 대부분의 오디오북은 원어민이 보통 말하는 것보다 더욱 천천히 녹음되어 있다. NHK가 심야 시간에 방영하는 낭독의 영어판이라고 생각하면 된다. 전문서적이 아닌 한 그렇게 어려운 어휘는 사용하지 않으며 일본어로 읽은 적이 있다면 더욱 내용을 알고 있기 때문에 듣기도 훨씬 쉬워진다.

게다가 원문도 있으므로 정 안 들리면 이것을 보면 된다. 종이책이 10~20달러, CD가 10~20달러이므로 한 세트에 약 20~50달러 정도이다. 3~10시간 분량이므로 영어 교재치고는 싼 편이다. 난이도

141

는 자신이 선택하면 되므로 사전 없이 70~80% 정도 읽을 수 있는 것을 골라서 듣는다. 귀로 발음을 외워두면 영어의 연음도 귀에 익숙해진다.

이러한 청취량의 목표는 약 1,000시간으로 잡는다. 쉬고 있을 때에도 계속 틀어 두고, 집에서 음악을 틀어놓을 때는 팝송으로 한다. BGM도 영어로 하라. 한국인이나 미국인 중에서 일본어를 잘 하는 사람 대부분은 만화나 J-pop 등의 CD로 일본어를 외우는 경우가 많은데, 이 방법을 활용하는 것이다.

CD-ROM이나 닌텐도 DS도 즐겨보자

성과를 확인하기 위해서 가끔 TOEIC을 보는 것도 좋지만 여러 번 보면 가격도 비싸므로 CD-ROM을 사서 거기에 딸린 모의 시험을 이용해도 좋다. 자신이 그 동안 몇 점이나 올라갔는지 실제로 확인하는 것이다. 닌텐도 DS의 '두뇌 트레이닝'의 장점은 점점 수준이 내려가므로 영어 점수가 점점 올라가는 것에 있다.

청취를 위해서는 PC나 닌텐도 DS로 출시되는 '영어 삼매경'도 추천할 만하다. 처음엔 간단한 단어의 듣기부터 시작해서 마지막에는 어려운 문장까지 간다. 이것도 자신의 성적이 측정되므로 한정된 시간에 즐기면서 할 수 있다. 영어 점수도 점점 올라간다. 청취 공부도 되면서 실력 확인도 되고, 예문을 전부 읽어 주기 때문에 효과적으로 배울 수 있다. TOEIC 800점 이상인 사람에게는 너무 쉽겠지만 400~700점대의 사람에게는 상당히 도움이 된다.

꾸준히 지속하는 것 외에 왕도는 없다

영어 훈련에 왕도는 없다. 일에 도움이 된다는 목표를 정하면 꾸준히 지속하는 것이 중요하다. 이를 위해서는 청취나 쓰기, 문법, 어휘 등이 있지만 중요한 것은 공부의 양이다. 주 1회 영어회화 학원에서 30~40분씩 배우는 걸로는 턱없이 부족하다.

만약 매일 1~2시간씩 1,000시간을 들었다면 실력이 올라가지 않을 수 없다. 문제는 과연 흥미도 없는 콘텐츠를 1,000시간이나 들을 수 있는가 하는 점이다. 그렇다면 〈다빈치 코드〉라든가 내가 좋아하는 패트리샤 콘웰의 〈검시관 시리즈〉를 권한다. 그 밖에도 지그 지글러의 〈마케팅론〉이나 톰 피터스, 피터 드러커의 〈경영론〉, 클레이튼 크리스텐슨의 〈혁신의 딜레마〉도 괜찮다. 흥미가 있는 교재를 골라 듣는 시간을 늘려가면서 업무에 도움이 될 영어 실력을 익히자.

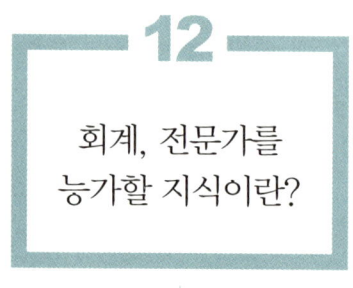

12

회계, 전문가를
능가할 지식이란?

재무제표는 직장인의 필수과목 · 가계부를 작성해보자
이익과 현금은 별개 · 장부를 만들어보면 가격에 대한 감각이 생긴다
한계 이익의 개념으로 비즈니스의 본질을 파악하라
회계는 영어보다 벽이 낮고 때로는 강력한 무기가 된다

재무제표는 직장인의 필수과목

회계에 관한 책은 많이 나와 있지만 실제로 따분하고 지루하다고
느낀 적은 없는가? 그것은 실천을 하지 않기 때문이다. 하지만 회계
는 비즈니스 언어이다. 회계를 안다는 것, 회계를 읽을 수 있다는 것
은 경제 활동을 파악하고 있다는 말이다.

재무제표를 읽을 수 있는 것은 직장인의 필수과목이다. 그렇다고
해서 갑자기 손익계산서나 대차대조표 등을 봐도 그 흐름이 바로 이

해되는 것은 아니다. 손익계산서와 대차대조표의 관계를 이해하고 부기를 해봐야 비로소 실감이 된다. 부기를 모른 채 재무제표를 읽는 것은 기초 없이 응용편을 하는 것과 같다.

가계부를 작성해보자

우선은 가계부를 복식부기로 작성해보자. 부기가 재미없는 이유는 응용할 기회가 없기 때문이다. 재무제표는 회사의 경리 담당이 맡아서 하고 외부에선 이미 완성본이 공표되어 있다. 그 때문에 대부분의 직장인은 부기를 사용할 일이 없다. 하지만 가계부를 복식부기로 해보면 이를 이해하는 데 도움이 된다.

예를 들어, 오늘 컴퓨터를 18만 엔 주고 샀다. 10만 엔 이상의 것은 고정자산이 되므로 '컴퓨터 18만 엔'이 된다. 만일 이것을 신용카드로 구입했다면 차변이 외상이 되므로 차변의 반대 측인 대변으로 보면 '외상매입금 18만 엔'이 된다. 이것이 바로 부기이다.

이를 통해 알게 되는 것은 양쪽의 항목이 모두 대차대조표에 올라오므로 손익계산서까지는 가지 않는다는 점이다. 언제 손익계산서에 기록되는가 하면 바로 비용이 발생했을 때이다. 이 경우, 컴퓨터를 3년간 사용할 예정이라면 연도 말에 그 1/3을 비용에서 떨어뜨린다. 연도 말에 차변 '컴퓨터 감가상각비 6만 엔', 차변 '컴퓨터 감가

상각누계액'이라는 형식으로 이 6만 엔만큼 손익계산서의 비용 항목에 올리는 것이다. 이런 식으로 대차대조표와 손익계산서의 관계가 체감된다.

또한 지불한 신용카드에서 돈이 나가면 이 외상매입금과 현금예금의 관계가 이해된다. 차변 '외상매입금 18만 엔', 대변 '현금예금 18만 엔'이라고 분개를 세우는 것이다 이렇게 하면 외상매입금이 움직이는 타이밍과 현금예금이 움직이는 타이밍이 서로 다르다는 것을 배울 수 있다.

또한 급료도 나중에 지불되므로 월말에는 회사에 대한 외상매출금이 생기고, 다음달 25일이 되면 입금되므로 월말에는 예를 들어 '외상매출금 30만 엔', '외상 30만 엔'이라는 부기가 생긴다면, 다음달 25일에는 '현금예금 30만 엔', '외상매출금 30만 엔'이라는 부기가 생기는 것이다. 이런 식으로 하나하나 부기를 해보면 자신의 연간 매상고와 매상원가를 알게 되어 부가가치를 얼마나 발생시켰는지를 이해하게 된다.

그 밖에도 보험을 지불한 경우에는 비용분과 적립분을 나누어서 어디에 있는가라든가, 50만 엔에 산 주식이 40만 엔으로 내려간 경우에는 10만 엔 분의 평가손실이 발생해서 손익계산서의 이익으로부터 떨어지는 것이다.

장부는 회사 단위라면 너무 방대해서 잘 모르지만 자신의 집 단위라면 직접 만들 수 있다. 집 단위도 크다는 사람은 잔돈을 복식부기로 작성해도 상관없다. 어쨌든 가까운 것을 회계로 바꾸어보는 훈련을 해보자.

이익과 현금은 별개

가계부니 잔돈수첩에 쓰는 부기라면 약 3급 수준이다. 부기는 초보자라도 실무적인 것으로 경시받기 쉽지만 경제학부에서도 처음엔 부기 3급을 공부하고, 맥킨지에서도 신입사원이라면 필수적으로 3급까지는 알고 있어야 한다. 앞서 말했듯이 부기는 비즈니스 언어이기 때문이다. 언어를 모르면 재무제표라는 책을 읽을 수 없다. 프랑스어를 모르는 사람이 프랑스어 원서를 읽는 것과 마찬가지다. 제조업처럼 설비 투자나 재고가 필요한 사업의 회계는 좀 더 어렵다. 부기 2급 정도가 되어야 공업부기를 배운다.

이익과 현금은 별개이다. 회계사나 경영자는 직업상 그 감각을 알고 있지만 일반 직장인이라면 실제적으로 이를 체감하기 어렵다. 〈재무제표 분석〉과 같은 책을 읽어도 이해하기 어려운 이유는 회계상의 이익과 현금상의 이익이 전혀 다르다는 내용을 잘 설명해주지 않기 때문이다.

장부를 만들어보면 가격에 대한 감각이 생긴다

　장부를 만들어보면 가격에 대한 감각이 생긴다. 회계 수치를 한 시간 단위로 계산하는 습관을 들이면 자신이 시간 당 얼마나 벌고, 얼마만큼의 현금이나 급료를 쓰고 있는지를 금방 알 수 있다. 매상고와 비용의 차액으로밖에 이익은 나타나지 않기 때문이다.

　좀 더 직접적으로 말한다면, 인건비 비율이 높은 사업의 경우 직장인은 액면 급료의 5배 정도를 벌어들일 필요가 있다. 이것은 세상에서 시간당 6,000엔 장사가 상당히 많다는 것만 봐도 알 수 있다. 마사지 숍이나 네일 숍, 택시도 대부분 이 정도이다. 왜 그런가 하면 그들이 받는 급료가 대부분 시급 1,200엔 정도이기 때문이다. 5배를 더 벌어들이지 않으면 네일숍과 비교해서 직원들을 훈련시키고 홍보도 해야 하는데, 수지가 맞지 않다. 시급이 변하지 않는 이상, 우리들이 1:1로 받는 서비스는 대개 6,000엔 정도인 것이다.

　바꿔 말하면, 자신이 1,200엔보다 높은 급료를 받고자 한다면 한 시간당 6,000엔 이상의 부가가치를 낼 수 있는지를 확인할 필요가 있다. 예를 들어 시스템 엔지니어 1급의 시급은 5만 엔부터 20만 엔 정도이지만 월급을 지불하는 회사는 그것만큼의 시스템이 갖춰지고 있는지에 신경을 곤두세우기 마련이다.

　출판사의 경우, 책을 통해 이익을 창출하기 때문에 책을 며칠만에 만들어야 하는지, 직원들의 시급을 환산해 보는 것이다.

한계 이익의 개념으로 비즈니스의 본질을 파악하라

원가계산은 관리회계의 영역(부기 1급으로 취급한다)이 되지만 여기에서는 한계이익의 개념이 중요하다. 한계이익이란 매상에서 변동비를 뺀 것으로 이익에 고정비를 더한 값이다. 손익분기점 분석정도는 직장인의 필수 항목이지만 실제로 못하는 사람이 수두룩하다. 비즈니스의 본질은 결국 한계이익을 높여서 상품 또는 서비스의 회전율을 높이는 것이다. 때문에 재고는 장래의 이익이면서도 동시에 손해가 된다.

금전 감각에 대해서 회계를 사용해 설명이 가능해지면, 예를 들어 레스토랑에 갔을 때, 여기의 한계이익률은 어느 정도이고, 직원 수는 몇 명이 적정하며, 손님 수는 어느 정도에 도달해야 이익을 창출할 수 있다, 아니다라는 예측이 가능하다. 또 가격과 상품, 서비스 수준을 판단할 수 있는 안목도 높아진다.

제조업의 경우 제조원가가 50%를 넘으면 한계이익이 너무 적어 경영이 어려워지고, 서비스업에서 30~40%를 넘는 한계이익을 얻는다는 것은 상당히 어려운 일이다. 더욱이 작은 사업체라면 이미 만들어진 것을 판매하는 것뿐이므로 5~10%의 이익이 생기면 대단한

149

것이다.

이처럼 회계의 구조를 공부하면 비즈니스의 본질을 파악할 수 있다.

회계는 영어보다 벽이 낮고 때로는 강력한 무기가 된다

반복해서 말하지만, 나는 비즈니스 언어인 회계가 영어처럼 중요하다고 생각한다. 하지만 영어에 비해 회계의 중요성이 경시되는 경향이 있다. 회계에 대한 책도 많이 간행되어 있지만 영어처럼 "이 책 한 권으로 회계를 알 수 있다"라는 책은 아직까진 없다.

회계를 전공했던 나는 회계를 공부하는 방법으로 부기 3급에서 2급, 그리고 1급을 수강하고 회계학원에도 다녔다. 또 대학에서 이론을 배운 다음 대학원에서 실증적인 연구를 하는 등 약 10년 이상 공부를 지속해왔다. 회계 전문가가 되지도 않을 사람이 그렇게까지 할 필요가 있느냐고 의문을 가질지 모르지만, 최소한 부기 2급, 가능하면 1급까지 배우면 업무에 대한 인식 자체가 바뀐다.

우선은 가계부를 복식부기로 만들어보라. 이를 위해 〈부기 3급 입문〉을 사서 읽어보기 바란다. 앞서 말한 것처럼 3급에서는 제조업, 할부, 리스 등 복잡한 내용은 나오지 않으므로 독학으로도 공부가 가능하다. 독학이 힘들다면 학원을 이용하는 것도 괜찮다. 시간이 나면 굳게 마음먹고 학원을 다니기 바란다.

회계는 영어와 달리 주목도가 낮아서 영어보다도 투자 대비 효과가 높다. 영어를 몸에 익히는 데에는 최저 1,000시간이 필요하지만 회계의 경우, 회계사 2차 시험에 합격하는 데 소요되는 최저한의 공부 시간이 1,000시간 정도 되므로 영어보다도 벽이 낮다. 실제로 나는 회계사 시험을 1년 안에 합격했지만 영어는 의사소통에 문제가 없는 수준에 이르기까지 3년 이상이 걸렸다. 비즈니스 언어인 회계를 할 수 없다는 것은 마치 영어를 말하지 못하는 것과 같다.

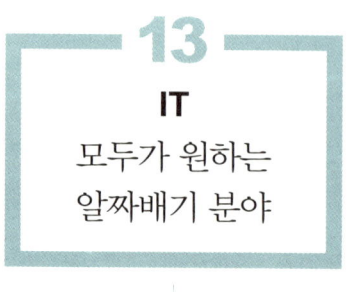

13

IT
모두가 원하는
알짜배기 분야

생산성 높은 기업은 IT 투자액이 높다 · 단순작업은 IT로 한다
창조적인 업무의 생산성도 IT를 얼마나 능숙하게 구사하는가에 달려 있다
초보자는 자신이 직접 업그레이드를 하면서 IT에 익숙해져라 · IT는 현대의 칠판

생산성 높은 기업은 IT 투자액이 높다

이제 IT는 우리 삶의 모든 분야와 연결되어 있다. 〈기초편〉의 공부
법에서도 IT에 대해 소개했지만 직장에서나 가정에서 IT를 사용하는
지 여부로 업무의 효율성이 완전히 달라진다.

각종 조사에 의하면, 특히 1990년 이후, 국가별, 기업별 생산성의
차이는 대부분 IT에 투자하는 액수에 비례한다(생산성이란, 단순히
한 사람당 매출액에서 매상원가를 뺀 것을 말한다).

연봉 10배 올리는 공부법

즉, 노동 1시간에 해당하는 평균생산성을 계산했을 때 일본은 같은 인구의 미국인이 일하는 것보다 효율이 낮다는 결론이 나온다. 이것은 다시 말해, 같은 매출이라면 미국의 급료가 더욱 싸다는 의미이다. 또는 같은 임금으로 일본에서는 1,000명이 필요한 일이 미국에서는 700명이 필요하다는 것을 뜻한다. 미국의 1,000명의 직원이 있는 회사의 매출은 같은 급료의 종업원 1,000명이 있는 일본 회사에 비해 높다는 것이다.

이것은, 일본의 종업원이 미국에 비해 기술력이 뒤떨어져서가 아니라 그 원인의 대부분은 일본이 규제가 많아 집약화가 그다지 발달되지 않았다고 해석될 수 있다. 그렇다면 규제가 없어 집약화가 진보된 업종은 어떻게 생산성을 높일 수 있을까? 우선 효율화를 위한 IT 투자가 있어야 한다. 예를 들어, 월마트는 원래 IT가 발전되어 있는 기업이지만 진열대에서 P&G의 상품이 팔리면 회선이 연결된 P&G 컴퓨터에 바로 기록된다.

단순작업은 IT로 한다

상당히 높았던 증권회사의 수수료가 인하된 이유는 모두 온라인화 되었기 때문이다. 단순노동처럼 IT 기계로 교체 가능한 것은 모두 바꾸고 인간은 IT가 할 수 없는 것을 해야 한다. 일례로, 내가 증

153

IT, 모두가 원하는 알짜배기 분야

권회사에 다닐 적에는 전속 도우미가 있었다. 하지만 독립한 지금은 도우미가 해주던 업무를 모두 개인 메일이나 각종 OCR, 경비관리 프로그램, 수신인 주소관리 프로그램 등이 대신 해주고 있다.

즉, IT로 가능한 것과 가능하지 못한 것을 이해하기 위해서라도 IT의 지식은 필수 불가결하다.

창조적인 업무의 생산성도
IT를 얼마나 능숙하게 구사하는가에 달려 있다

단순작업만이 아니다. 나는 창조적인 아이디어도 IT의 능숙한 능력이 전제되어야 한다고 생각한다. 특히 IT는 아이디어를 떠올릴 때 필요한 정보 수집이나 아이디어를 전달하기 위한 도구로서 주요한 역할을 한다. 예를 들어 〈기초편〉에서 소개한 '마인드 매니저'라는 소프트웨어처럼 IT를 활용하면 효율적으로 생산성이 향상된다.

새로운 소프트웨어나 시스템을 설치할 때, 확실히 그것을 사용할 수 있는지 아닌지에 따라 생산성이 크게 좌우되고 당연히 월급 인상이나 출세로 그 성과가 돌아온다.

마이크로소프트 오피스의 애플리케이션인 엑셀, 워드, 파워포인트는 보통 누구나 사용할 수 있지만 엑셀의 경우 툴바나 자세한 Goal Seeking, Solvers 같은 것도 능숙하게 사용할 수 있고, 비주얼

베이직(visual basic)까지 가능하다면 본인의 시장 가치는 전혀 달라진다.

회사 내에서뿐만 아니라 회사 밖에서도 자신의 생산성을 높이기 위한 도구로서 IT를 활용하여 기술과 소프트웨어를 하나씩 익혀가자. 여기서 중요한 것은 프로그램을 외우는 게 아니라 어떤 소프트웨어가 사용하기 쉬운지, 그 소프트웨어를 설치하면 무엇이 가능하지를 직접 터득하는 것이다.

비주얼베이직에 대해서 말하자면, 자신이 능숙하게 구사할 수 있다면 가장 좋겠지만 그렇지 못해도 좋으니 할 줄 아는 사람이 주위에 있거나, 템플릿(template)이 빠져 있는 것을 인터넷에서 검색하는 기술이 있다면 그것으로 충분하다.

메일을 보낼 때에도 몇 백 명의 사람에게 같은 메일을 하나하나 손으로 쳐서 보내기엔 매우 번거롭고 불편해도 상대방에게 자신이 손수 직접 쳐서 보낸 것처럼 하고 싶다면 퍼스널라이즈 더 메일(personalize the mail, 다이렉트메일에 가끔씩 있는 "00씨, 안녕하세요?"라고 쓰여 있는 메일)을 사용하면 된다. 자신이 직접 해야 할 필요는 없다. 가능한 사람에게 템플릿을 만들게 하면 된다. 이러한 것이 IT를 활용하는 기술이다.

그 밖에도 내가 최근 자주 애용하는 것으로 다큐멘터리 스캐너라는 하드웨어가 있다. 이것을 사용하면 종이 여백 부분은 전부 삭제

하고 내용만 HDD에 칼라로 간단히 남겨두는 기능이 있어, 종이는 버리고 명함이나 문자 정보만 남겨 더욱 간편한 관리가 가능하다.

초보자는 자신이 직접 업그레이드를 하면서 IT에 익숙해져라

앞서 말한 스캐너는 대부분의 회사에 갖춰져 있지만 이를 능숙하게 다룰 줄 아는 사람은 소수에 불과하다. 이를 사용하려면 IT 전문가의 지도가 필요한데 갑자기 IT 전문가가 될 수는 없으므로 처음부터 하나씩 배워나가야 한다.

사람에 따라서는 소프트웨어도 제대로 설치하지 못하는 완전 초보자가 있을 수 있다. 이러한 경우는 더더욱 노트북을 사서 직접 해보는 수밖에 없다. 처음엔 몇 번 실패하고 컴퓨터를 고장내기도 할 것이다. 하지만 다양한 시행착오를 거치면서 자신이 직접 소프트웨어와 하드웨어를 설치하고 업그레이드를 해보라. 이런 식으로 IT에 익숙해지면 어느 정도 감이 잡힌다.

기껏 컴퓨터의 업그레이드나 소프트웨어 설정 정도라고 가볍게 생각해선 안 된다. 자신이 활용할 시스템을 설치하는 것이므로 회사 전체의 IT 구조에 대해서도 자연스럽게 이해가 깊어진다.

초보자는 워드와 엑셀, 메일 소프트웨어의 사용 방법부터 시작하라. 메일도 대강 하지 말고 자동메일분류 정도는 직접 만들어보라.

시중에 나와 있는 소프트웨어는 과다할 정도로 많은 기능이 내장되어 있기 때문에 여러 가지 기능들을 잘 살펴보고 확실히 익혀둔다.

Firefox에서는 하나하나 아마존의 페이지에 이동하지 않아도 검색 창에서 간단히 검색된다. 이것만으로도 하루의 생산성이 달라진다. 탭 브라우저라고도 하는데, 하나의 브라우저 안에 탭을 사용해서 열 수 있는 기능이 있고 아이디나 패스워드를 잘 기억해두며 검색 엔진도 자신이 자주 가는 곳을 등록할 수 있다. 등록해둔 블로그의 업데이트 여부를 RSS에서 표시하게 하는 등 서비스를 직접 조합해보라. Firefox의 보급률은 현재 10% 정도이지만 그 수요가 늘어나고 있다. 인터넷 프리웨어, 셰어웨어의 이점은 만든 이에게 메일을 보내면 원하는 기능을 붙여주기도 하는 등 적극적인 피드백이 있다는 것이다. 물론 한국에서는 마이크로소프트 IE 가 더 효율적이다.

IT는 현대의 칠판

증기기관차 이후의 최고 발명품이라고도 불리는 IT는 서서히 우리들의 생활 양식을 변화시켜 왔다. 지금은 모두가 메일로 연락하며, 전화만 사용하는 사람과는 관계가 소원해지기 일쑤이고 메일도 답장이 늦으면 멀어진다. 이런 것을 생각하면 우리는 IT와 밀접한 관계를 맺고 있다.

IT를 모르면 읽고 쓰기도 불가능한 시대가 되었다. 예전에는 읽고 쓰던 칠판이 이젠 전부 IT로 바뀌었다. 얼마나 의사소통 능력이 뛰어난지, 얼마나 문장력이 좋은지 IT를 통해 재현하지 못하면 더 이상 생산성이 올라가지 않는다.

영어와 회계, IT는 연봉을 높이기 위한 기초적인 3대 필수 기술이다. 어떠한 일을 하든 기본적으로 이 세 가지는 필요하다. 하지만 유감스럽게도 이 세 가지 모두를 일정 수준까지 능숙하게 다루는 사람은 그다지 많지 않다. 그러므로 이 모두를 겸비하고 있는 사람이 기회를 잡는다.

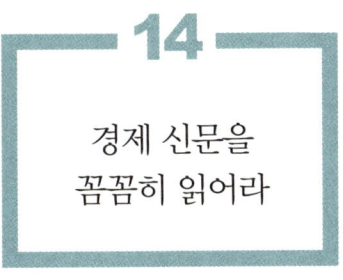

14

경제 신문을
꼼꼼히 읽어라

관심 있는 기사는 출처를 찾아보는 습관을 길러라 · 관심 있는 사건에 '돋보기'를 들이대라
최소한의 경제 지식은 알고 있자 · 급여명세서를 자세히 보라
친숙한 숫자를 통해 세상의 의문을 풀어 나가라 · 경제학는 공부의 '쉬운 지름길'

직장인이 왜 경제 신문을 읽을까? 그것은 기사의 질은 별개로 하더라도 '모두가 읽기' 때문이다. 따라서 당신도 읽지 않으면 안 된다. 경제 신문뿐만 아니라 어떤 신문이라도 실린 내용을 전부 그대로 수용할 필요는 없다. 건전한 비판 의식을 가지고 원전을 확인하는 습관을 기르자. 이것이 미디어를 비판적으로 해석하는 방법이다.

관심 있는 기사는 출처를 찾아보는 습관을 길러라

그렇다면 '비판적인 해석'은 무엇일까? 답은 아주 간단하다. 세상의 정보를 곧이곧대로 받아들이지 않는 것이다. 신문이든 잡지든 표면적으로는 명확히 정리되어 있는 듯하지만 기자는 전문가가 아니다. 게다가 여러 부서에 소속되기 때문에 틀렸다고까지는 못하더라도 자료가 필요 이상으로 가공되어 있을 확률이 높다.

따라서 내가 공부법의 하나로 추천하는 방법은 신문을 읽으면서 관심 있는 기사가 있다면 그 출처 문헌과 자료를 찾는 습관을 기르는 것이다. 예를 들어, 후생노동성의 기사가 있다면 그 백서(白書)까지 꼼꼼히 찾아본다. 얼마 전에 화제가 된 white collar exemption (화이트칼라의 소득세 공제. 노동기준법에 따른 노동 시간을 넘기는 잔업에 대해서는 일정 임금을 지불해야 하는 법을 화이트칼라 노동자의 경우 적용하지 않는 것. 연봉제 등에 의해 잔업수당은 지불하지 않는다)에 대해서 일본경제인단체연합의 원본 제안서를 살펴본 사람은 얼마나 될까. 저출산에 대해서도 반드시 관련 백서를 읽어보는 습관을 들여라.

출처 확인을 강조하는 이유는 기사의 경우, 최소 수백 자, 많아도 수천 자 정도에 불과하며 기사에는 아무래도 작성한 기자의 생각이 반영되기 때문이다. 그것이 반드시 정확하다고는 할 수 없다.

관심 있는 사건에 '돋보기'를 들이대라

그렇다면 어떻게 '관심 있는' 기사를 발견할까? 우선 자신이 무엇을 하고 싶은지, 어떤 정보를 원하고 있는지에 대해 항상 돋보기를 들이대는 자세가 필요하다. 본인의 관심 영역에 관련된 기사는 무엇인지 항상 염두에 둔다. 예를 들어, 회계나 IT 등 관련 있는 기사는 많지만 그 중에서 자신의 지식 수준과 관심에 맞추어 공부의 계기가 될 만한 것을 포착하는 것이다. 만약 회계 지식이 어느 정도 머릿속에 들어 있다면 세금이나 국고에 대한 기사가 나왔을 때 바로 안테나가 작동된다.

게다가 주식이나 외화를 조금이라도 보유하고 있다면 경제 분야에 흥미가 생기므로 신문을 읽는 자세도 신중해진다. 스스로 달러를 매입, 매매하거나 개별유가증권의 주식을 매입해보면 이익에 민감해져서 경제 기사도 꼼꼼하게 검토하게 된다.

보통, 대부분의 사람들은 신문을 읽을 때 일단 관심이 있는 지면부터 보기 시작해서 사회면으로 옮겨가지만 1면부터 읽어 나가는 것이 필요하다. 1면에는 그날의 기사가 요약되어 있다. 그 다음으로 다음 면들을 대충 살펴본다. 이 때 기사를 하나하나 읽을 필요는 없고 지금 무엇이 화제가 되는가를 유심히 본다. 국제면이나 경제면은 그냥 넘어가지 말고 의식적으로 차근차근 훑어보라.

최소한의 경제 지식은 알고 있자

경제 신문을 읽는 것에 흥미가 없다 할지라도 자신의 비즈니스에 도움이 되거나 자산 운용에 유용하다는 목적을 갖고 읽으면 관심이 생긴다. 이때 언제나 출처를 탐구하는 습관을 키우는 것도 중요하다. 최소한의 미시, 거시경제학 지식을 갖고 있으면 세상을 보는 관점 자체가 달라진다.

'최소한의 지식'이 어느 정도인가 하면, 예를 들어 미시경제학이라면 수요곡선과 공급곡선, 가격감수성 정도는 알고 있어야 한다. 야채와 사치품에 대해서 야채가 1엔 올랐을 때 어느 정도 수요가 변하는지, 고급시계가 1% 올랐을 때 어느 정도 수요가 변하는지, 각각 곡선의 모양이 다르다는 것 정도는 알고 있어야 한다. 이러한 내용이 머릿속에서 대강이나마 이미지가 그려지면 어떻게 상품을 팔고, 어떤 서비스를 어떻게 해야 할지가 그려진다.

거시경제학의 상식으로는 무역과 재정, 국고와 가계의 관계에 대해서 대략적인 개념을 갖고 있을 필요가 있다. 경제 신문은 암묵적으로 독자들이 이러한 지식 정도는 알고 있을 것이라고 전제하고 기사를 쓴다. 이런 지식은 경제학 입문서만 봐도 알 수 있다.

경제 공부는 영어에 비하면 시간이 그다지 오래 걸리지 않는다. 자신에게 맞는 경제학 입문서를 골라 읽은 뒤 직접 자산 운용 등을 해보면 경제와 점점 친숙해질 것이다.

급여명세서를 자세히 보라

자신의 급여명세서를 자세히 살펴보라. 사회보험료가 얼마이고 주민세, 소득세가 얼마인지, 연말정산에서 어떠한 소득공제가 있는지를 배운다. 친숙한 경제학은 여기에서부터 시작한다. 이러한 내용을 알고 있으면 선거에라도 나가볼 의욕이 생긴다.

세금과 사회보장비를 합쳐 국민의 부담률은 40% 정도이다. 자신의 수입 40%를 정부에 맡겨두고도 어떻게 모두들 그렇게 무관심한 걸까. 정말 의문이 아닐 수 없다. 또한 소득세 같은 직접세는 탈세를 하기 쉬워서 앞으로 사회가 발전해 나가기 위해서는 간접세를 올려야 한다. 직접세만으로는 수지가 맞지 않다는 점을 급여 명세를 통해 알아두자.

친숙한 숫자를 통해 세상의 의문을 풀어나가라

경제 관련 책은 어려운 전문서이거나 초보자를 위한 입문서가 대종을 이룬다. 중간 수준의 책이 별로 없다. 때문에 직장인들은 경제에 더욱 소원해지기 마련이다. 하지만 경제는 영어, 회계, IT와 함께 직장인에게 필수적인 자본이다. 경제를 알면 자본의 흐름이라든가 물자의 욕구에 대한 흐름이 어떻게 움직이고 있는지를 확실히 파악할 수 있다.

예를 들어, 실생활에서 도서시장의 규모는 어느 정도일까. 이 숫자를 정확히는 몰라도 어림짐작할 수는 있다. 국민 한 사람 당 1개월에 책이나 잡지에 쓰는 돈은 생활지출 조사에 의하면 1,000엔을 약간 넘는 정도이다. 여기에 국민 수를 더하면 대략 1조엔~2조엔 사이임을 알게 된다. 실제로 일본인은 책을 구입하기 위해 9천억 엔, 잡지를 구입하기 위해 7천억 엔 정도를 지출한다. 둘 다 합쳐 약 1조 7천억 엔 정도이다. 이처럼 숫자를 통해 자신이 몸담고 있는 업계의 규모를 파악하는 습관을 익힌다.

신문은 왜 매일 싼 가격으로 집까지 배달될까. 광고 수입이 있기 때문이지만 신문의 광고료는 인터넷이 발달하고, 상대적으로 비싸다는 인식 때문에 점점 그 가치가 떨어지고 있다. 이제 신문의 구독률이 줄어드는 것은 전 세계적인 현상이고 신문사 역시 경영난을 겪을 것으로 추측된다. 참고로 신문 광고가 상대적으로 비싸다는 인식도 숫자를 통해 분석할 수 있다.

우리들이 신문을 읽는 데 사용하는 시간은 평균 하루에 12~13분이다. 이것을 1분당 광고비로 계산해보면 신문은 인터넷이나 텔레비전에 비교해서 매우 높게 단가가 책정되어 있음을 알 수 있다. 신문은 1분당 1~2엔인데 비해 텔레비전은 약 0.21엔, 인터넷은 약 0.18엔으로 더욱 싸다.

어쨌든 신문을 읽는 독자는 구매력 높은 엘리트이므로 여섯 배를 지불해도 상관없을 수도 있지만 정말로 그만큼의 가치가 있는가라는 의문이 생긴다. 예를 들어, 책 광고는 대부분 신문에서 하는 경우가 많은데, 출판사의 브랜드 홍보라는 의미는 있어도 실질적인 책 판매에는 그다지 영향을 미치지 않는다.

실제로 이러한 숫자는 인터넷에도 여러 가지 백서로 실려 있고, 정부 간행물센터에 가면 이런 것도 있나 싶을 정도로 갖가지 통계 자료가 있다. 여기에서 흥미 있는 숫자를 모아 각각의 숫자들을 이리저리 연결하면 꽤나 재미있는 결과가 나온다.

경제학은 공부의 '숨은 지름길'

일본에서는 법학부와 정부기관에 가는 사람이 가장 존경받고 그 다음이 의학부에 가는 사람이다. 그 다음이 경제학부, 상학부 등으로 경제 분야는 상대적으로 경시되어 왔다. 도쿄대에 상학부가 없는 것도 이를 증명한다. 반대로 생각하면 일본에는 경제에 무지한 사람이 많다는 뜻도 된다. 그러므로 조금만 공부해도 격차가 생긴다. 효과가 매우 빨리 나타나기 쉬운 분야라는 말이다.

경제야말로 돈에 직결되는 공부이다. 하지만 일본인들은 대체적으로 돈에 대한 관심이 낮아 영어, IT 등에 비해 경제를 공부하는 사람은 압도적으로 적다. 즉, 경제는 공부의 숨은 지름길이다. 제대로 배우면 확실한 성과를 얻을 수 있다. 경제학을 배우는 것은 자신의 연봉에도 직결되며 연봉은 행복에 직결된다. 자신의 안위를 위해서도, 자산 운용이나 출세를 위해서도 경제학을 공부할 필요가 있다.

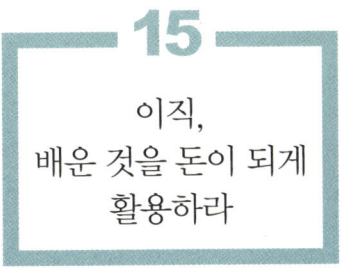

15

이직,
배운 것을 돈이 되게
활용하라

공부의 성과가 연봉 인상으로 연결되는 업계로 이동하라
긴 훈련 기간을 필요로 하는 직업일수록 공급은 적고 급여는 높다
성공하는 이직의 세가지 소건 · 사서룸이나 영어 실력이 있으면 유리하다
취업시장에서 자신의 가치를 객관적으로 측정하라 · 졸업한 대학의 네임 밸류만으로는 통용되지 않는다
당장 이직하지 않더라도 취업시장에서 자신의 가치를 평가하면서 공부하라

공부의 성과가 연봉 인상으로 연결되는 업계로 이동하라

사람들이 자주 하는 질문 중의 하나가 "회사의 경영 상태가 좋지
않으면 아무리 공부를 해도 연봉이 안 오르지 않을까요?"이다. 업계
마다 분명 어느 정도 시세라는 것이 있기 때문에 그 이상 벌기 힘든
것은 사실이다. 그렇다면 처음부터 자신이 원하는 수입을 줄 수 있
을 만한 회사에 들어가야 한다는 결론이 나온다.

167

그러나 막상 들어가서 다녀보지 않으면 알 수 없는 문제인 만큼, 입사 후 후회하는 경우도 적지 않을 것이다. 그래서 지금 일하는 회사나 업계가 아닌, 원하는 연봉을 줄 수 있는 회사나 업계로 이직할 수 있을지 여부가 바로 공부에 의해 결정된다.

긴 훈련 기간을 필요로 하는 직업일수록
공급은 적고 급여는 높다

그렇다면 연봉을 많이 주는 회사는 어디에 있을까? 그 답은 인재 수요는 많지만 공급은 적은 회사이다. 즉, 사람은 많은데 기술 있는 사람이 적어서 시세가 오르는 것이다. 기술 있는 사람이 부족한 이유는 대부분의 경우 교육 기간이나 훈련 기간이 너무 긴 것이 장애 요소로 작용하기 때문이다. 예를 들어, 앞서 말한 1시간에 6,000엔 정도의 서비스를 제공하고 실제 수령액인 시급 1,200엔을 받을 수 있는 직업, 즉 네일아트나 택시 운전, 마사지 등은 평균 몇 개월의 훈련을 거치면 쉽게 취직할 수 있다.

이에 비해 급료가 높은 직업의 대표격인 증권 애널리스트는 어떤가. 나도 30대 중반에 애널리스트를 한 적이 있다. 그런데 문제는 이 업계에서 살아남을 좋은 애널리스트를 키우는 것이 좀처럼 힘들다는 것이다. 대학을 막 졸업한 사람들이 출세해서 돈을 잘 버는 애널

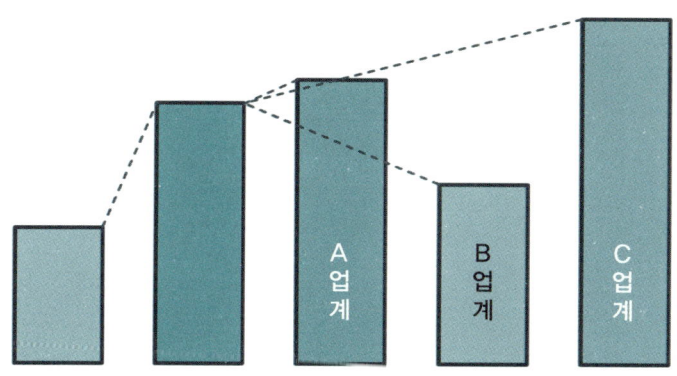

연봉을 10배 향상시키는 비결 ⑳
같은 능력이라도 업계에 따라 연봉은 다르다

리스트가 될 확률은 10명 중에 한 명이 될까말까다. 거기다 완벽한 애널리스트로 키우기 위해 30세 전후까지는 회사가 계속해서 투자를 해야 한다. 만약 이것이 어려우면 컨설팅 회사에서 실전에 바로 투입할 수 있는 인재를 빼올 수밖에 없는데, 이는 스카우트 비용이 따로 들게 된다.

훌륭한 애널리스트가 되는 것은 왜 힘들까? 고객 서비스부터 업계 리서치, 주가 예상, 계산 등을 동시에 할 수 있어야 하기 때문이다. 따라서 회계, 경제, 파이낸스, 영업은 물론이고 업계에 대한 풍부한

이직, 배운 것을 돈이 되게 활용하라

지식이 있어야 한다. 나아가 엑셀을 잘 다룰 수 있어야 하며, 완벽한 문장을 쓰는 복합적인 기술이 요구된다.

이 때문에 애널리스트가 되고 싶은 사람은 많지만 실제로 기술을 발휘할 수 있는 사람은 적어서 항상 인재가 부족한 상태다. 그 대신 잘 되면 상당히 높은 수입을 올릴 수 있다. 공부의 성과를 수입으로 연결시키고 싶다면 이 같은 업계를 목표로 할 필요가 있다.

성공하는 이직의 세 가지 조건

이직에 성공하려면 다음과 같은 세 가지 조건을 충족시켜야 한다.

첫째, 이직하려는 회사가 내가 원하는 정도의 이익을 얻을 수 있는 분야인가? 이것은 앞서 말했듯이 수요와 공급의 밸런스에 의해 정해진다.

둘째, 내가 그 일을 할 수 있는가?

셋째, 내가 그 일에 잘 맞고, 즐겁게 할 수 있는가?

이 세 가지 조건이 충족되지 않으면 그 일을 오래 할 수 없다. 물론 긴 인생의 목표 중 어쩔 수 없이 이직을 하는 것이라면 반드시 이 조건을 충족시킬 필요는 없다. 자신만의 사업을 하고 싶지만 자금이 부족해 돈을 모으기 위해 다른 일을 하는 사람들도 많다.

자격증이나 영어 실력이 있으면 유리하다

이직할 때에는 앞서 말했듯이 자격증이 중요한 열쇠가 된다. 자신의 기술을 객관적으로 측정할 수 있기 때문이다. 자격증이 없다고 회사에 들어갈 수 없는 것은 아니지만 가지고 있으면 능력을 인정받게 되고 믿음을 줄 수 있다.

예를 들어 최근 미일 양국 간에 SOX법이라는 새로운 법률이 생기면서 내부 통제를 강화하자는 이야기가 나왔다. 그래서 회계사는 지금까지는 회계감사 업무만 보면 됐지만 앞으로는 업무 전체의 흐름을 파악해서 감사를 해야 한다. 사실 SOX법에 대응하기 위해 반드시 회계사가 감사를 할 필요는 없다. 하지만 고객 측에서는 그 편이 어딘지 모르게 안심이 된다. 그 결과 현재 회계사가 매우 부족한 상태여서 감사법인마다 회계사를 구하는 데 애를 먹고 있다. 즉 회계사가 아니어도 할 수 있는 일이지만 '상징적'으로 회계사라는 자격증이 있으면 성실하고, 업무 지식이 풍부한 사람이라고 판단하는 것이다.

또 나는 오랫동안 외국계 회사에 근무를 하면서 여러 차례 채용 면접을 해왔다. 그러면서 정말 안타깝게 생각한 것이 아무리 우수한 인재라도 영어를 못하면 채용할 수 없는 경우가 비일비재하다는 것이다. 영어를 잘 못하면 처음부터 지원도 하지 않았겠지만 설사 지원했다 하더라도 이 실력으로는 나중에 고생할 것이 눈에 보여 채용을 망

171

설이게 된다. TOEIC 800~900점 정도의 영어 실력은 독학으로도 충분히 배울 수 있으니 이직을 할 때 반드시 취득해 두면 도움이 된다.

취업시장에서 자신의 가치를 객관적으로 측정하라

인재가 부족한 회사는 수없이 많다. 우선은, 취업시장에서 자신의 가치가 어느 정도이며, 어떤 회사에 들어갈 수 있는지 등을 객관적으로 측정할 필요가 있다. 이직을 하든 안 하든 자신의 능력과 시장 가치를 객관적으로 측정해보는 것은 중요하다.

이직은 일반적으로는 대기업에서 벤처나 중소기업으로 옮기는 케이스가 많다. 대기업에서는 기술을 배울 기회는 많지만 그것을 활용하거나 자신이 하고 싶은 일을 할 수 있는 기회가 적기 때문이다. 그러기에 조직의 압박이 적은 곳으로 이직하기를 원하는 사람이 점점 증가하고 있다. 최근에는 대기업에서 다른 대기업으로 옮기는 케이스도 많아졌다. 해마다 인재의 유동성은 높아지고 있어서 능력 있는 사람에게 기회의 문은 넓다.

공부는 성과가 보이는 방식으로 하는 편이 좋다고 강조했지만, 취업시장에서 자신의 가치를 알아보는 것도 '보이는 성과'라고 생각한다. 만약 그 가치가 자신이 생각한 것보다 적다면 원하는 연봉을 얻기 위해서 어떤 능력을 익혀야 하는지 알게 된다.

졸업한 대학의 명성만으로는 통용되지 않는다

지금까지는 졸업한 대학에 따라 어느 정도 서열이 정해졌다. 졸업한 대학만으로도 회사에 입사한 후의 능력이 예측 가능했기 때문이다. 그러기에 상류 대학 졸업자들만 확보해도 회사 경영에 큰 어려움이 없다는 사고 방식도 있었다. 이른바 통계학에 기반한(내가 있던 회사에서도 분석하고 있었다) 사고 방식이었다.

즉, 명성이 있는 유명 대학을 졸업했다는 것은 문제 해결 능력이나 사무 처리 능력을 어느 정도 갖추었다는 것을 의미한다. 그런데 이 원칙이 무너지고 있다

어떤 사람은 내게 이렇게 말했다. "카츠마 씨, 업무는 대개 워드와 엑셀, 액세스로 되어 있어요." 맞는 말이다. 즉, 워드나 엑셀로 대체할 수 없는 것만이 인간의 일로 남겨지게 되므로 창의력과 같은 유연성이 없으면 세상에 필요 없는 사람이 된다는 말이다.

그렇다면 컴퓨터가 하지 못하는 것은 무엇일까? 여러 분야를 아우른 지식을 통해 판단하는 의사결정과 리더십이다.

앞으로는 졸업한 대학의 명성이 평생 통용되지 않는다. 유명 대학을 나온 사람도 자신의 능력을 눈에 보이는 성과를 통해 드러내지 않으면 살아남을 수 없다. 반대로 졸업한 대학이 유명 학교가 아닌 사람에게는 기회가 온 것이다. 패자부활전이 가능해졌다는 말이다.

이직, 배운 것을 돈이 되게 활용하라

당장 이직하지 않더라도
취업시장에서 자신의 가치를 평가하면서 공부하라

　지금 당장 이직을 하지 않더라도 동종, 이종 업계의 구분 없이 구인란을 항상 주시하고 있어야 한다. 세상이 어떠한 사람들을 필요로 하고 있는지를 파악하고 있으면 세상의 동향을 대충 알게 된다.

　좌우지간 자신이 잘할 수 있는 일, 어느 정도의 고연봉이 보장되며, 나아가 즐길 수 있는 일, 이것을 목표로 세우고 이에 도달하기 위해 공부를 해야 한다. 공부야말로 성별, 나이, 체력과 상관없이 얻어낼 수 있는 최고의 무기이다. 출세와 행복을 위한 무기라는 말이다. 항상 취업시장에서 자신의 가치를 평가하면서 공부를 꾸준히 지속해나가자.

16

자산 운용,
공부한 내용이
수입에 직결된다

많은 사람들이 자산 운용 방법에 무지하나·하는 방법을 알면 누구나 가능하다
여유자금을 5년에서, 길게는 10년 단위로 예측하여 조금씩 투자해 나가다
독립적인 자유를 위해 자산운용을·자산운용으로 공부의 성과를 측정하라
국채가 시중 은행보다 안전하다·달러 기준 채권을 일정 비율 갖고 있으면 리스크가 분산된다
외환 예금보다 외환 증거금 거래가 유리·주식을 처음 시작할 때에는 주식형 펀드 등 간접 투자 상품을
일반 주식은 데이 트레이딩이 아니라 배당금을 노리고 조금씩·여유 자금의 3분의 1, 우선은 보너스로 시작하자

많은 사람들이 자산 운용 방법에 무지하다

이직이나 또 다른 면에서 공부의 성과를 올리는 방법에는 자산 운용이 있다. 자산 운용이라고 하면 요즘 유행하는 당일치기 단타 매매와 같은 종류로 오해하는 사람이 많다. 하지만 데이 트레이딩 자산 운용은 다르다. 여기서 말하는 자산 운용이란 제대로 된 금융 지식에 근거한 장기운용을 의미한다.

175

〈부자 아빠 가난한 아빠〉가 출판되어 일반인들 사이에서도 자산 운용 의식이 보편화되고 있는 듯하다. 하지만 아직도 일본인의 경우, 교양 있는 자산가라 하더라도 자산 운용을 소홀히 하는 경우가 상당히 많다.

일본인은 대부분 리스크를 꺼려 하기 때문에 투자를 잘 하지 않는다고들 하지만, 실제로 일본인이 리스크를 극복하는 데 서투른 민족은 아니다. 전체적으로 봤을 때 리스크를 극복하는 능력은 미국인과 큰 차이가 없다.

그렇다면 왜 일본인들이 투자를 하지 않는 걸까. 그 이유는 단순히 자산 운용 방법을 모르기 때문이다. 예를 들어, 초등학교 때부터 중학교, 고등학교에 이르기까지 금융교육 수업은 거의 하지 않는다. 그래서 어떤 식으로 금리를 움직이고, 주식은 어떤 구조로 되어 있는지 하는 기본적인 지식이 전혀 없다.

하는 방법을 알면 누구나 가능하다

일본에서도 금융이나 보험 등 투자 관련 일을 하는 사람은 리스크를 극복하고 자산을 운용한다. 하는 방법만 알면 누구나 가능한 것이다. 예를 들어, 아무리 일본 주식의 가치가 낮다고 해도 평균 연 5% 정도는 벌어들이는 리스크 프리미엄(액면가액이나 계약금액 이

연봉 lo배 올리는 공부법

상으로 지출되는 할증금. 리스크를 감수하는 대가로 원본보증의 금융 상품보다 높은 이율을 받는 것)이 있다.

단지, 단기적으로 보면 연간 30% 정도 손해를 볼 때도 있고 40% 정도 이익을 볼 때도 있다. 따라서 수익은 상당히 불안정하다. 그걸 알지 못하면 제대로 관리할 수 없다.

지금까지 일본에서 토지신탁이 주류였던 것도 자산 운용을 하고 있는 사람이 적었던 이유이다. 집주인도 거액의 주택대출금을 빌리면, 그것 이외의 금융자산을 활용하기 어려워지는 경향도 있었다. 부동산도 20세기까지는 나쁘진 않았지만, 디플레이션 이후 가격 상승세가 저조하다. 또한 장기적으로는 저출산과 고령화로 인해 세대수가 감소할 것이므로 주택가격 상승률은 점점 낮아질 가능성이 높다.

따라서 지금부터는 고액의 대출을 피해야 하고 부동산뿐만 아니라 다른 것에 분산 투자하는 편이 좋다.

여유 자금을 5년에서 길게는 10년 단위로 예측하여 조금씩 투자해나가라

자산 운용 요령은 남아 있는 자금을 조금씩 투자하는 습관을 기르는 것이다. 이 경우 투자 대상은 주식이든 채권이든 좋으니까 리스크는 있을지라도 대가도 따른다는 것을 기억해야 한다. 최근에는 인

자산 운용, 공부한 내용이 수입에 직결된다

터넷으로도 매매가 가능하게 되어 무척 간편해졌다. 어떤 증권회사의 어떤 상품이 유리한가를 살펴볼 때, 인터넷은 가장 든든한 정보원이 된다.

다만, 명심해야 할 점은 주식이든 채권이든 금융으로 상장된 상품의 경우, 초보자는 대부분 손해를 보게 된다는 것이다. 이는 행동 파이낸스라고 불리는 심리학적 원리로, 인간은 처음에는 어떻게든 손해를 보는 행동을 하는 경향이 있다는 것이다.

하지만 그 시기를 어떻게 극복해나가는가를 통해 값진 학습 효과를 얻게 된다. 올라가든 내려가든, 일정액을 지속적으로 5년에서 길게 10년 정도 기간을 예측하는 습관을 길러보자. 올라갔을 때 당황하며 추격 매수를 하지 말고, 내려가자마자 해약해 버린다면 반드시 손해를 입게 된다.

독립적인 자유를 위해 자산 운용을

이렇게 해서 다소 수업료를 지불한다 치더라도 자산 운용을 충실히 한다면 회사에 예속되지 않고 독립적인 자유를 얻을 수 있다. 생활을 회사의 급료로만 100% 의존한다면 이직을 포함한 난제들을 해결하기 어렵다. 하지만 자산 운용으로 어느 정도 경제적 저축을 해두면, 필요할 때 필요한 리스크들을 극복할 수 있다는 뜻이다.

최저 1년간, 가능하다면 3년 정도 무수입으로도 살아갈 수 있을 정도의 자산은 모아두자. 그렇게 하면, 회사에서 힘든 일이 있어도 "그만둬도 괜찮아" 할 정신적인 여유가 생기므로 인내심이 생긴다. 물론 정말 그만두고 독립할 수도 있다.

독립할 경우 처음부터 직장인이었을 때만큼의 수입이 보장되지는 않을 것이다. 반 년에서 몇 년간은 금전적으로는 어려운 시기가 되겠지만, 그때 가서 자산 운용 수입이 있는 것과 없는 것은 정신적인 안정 상태가 천지 차이이다.

자산 운용으로 공부의 성과를 측정하라

공부의 성과를 눈에 보이는 형태로 측정하는 점에서도 자산 운용의 경우, 매일 리스크를 맞닥뜨리기 때문에 이직과 같은 위험 확률 없이도 성과를 확인할 수 있다.

인터넷으로 계좌를 개설해서 주식이나 외환을 운용하는 경우에는 몇 십만 엔만 있으면 가능하기 때문에 보너스로 시작해보자. 이 경우에도 2~3배를 한 번에 노리려고 하면 리스크가 커지므로 대개 평균 연율 5~10% 정도에서 운용하겠다는 운용의 묘가 필요하다.

복리계산이라는 것은 큰 예외가 없는 이상 연이율 5%에서도 10년 동안 운용하면 1.6배, 연이율 8%라면 2배 이상이 된다.

국채가 시중 은행보다 안전하다

구체적으로 무엇을 하면 좋은가? 우선은 채권부터 설명해 보겠다.

국채의 이율이 낮다고 하지만 은행에 정기적금으로 맡기는 것보다는 훨씬 유리하다. 시중 은행이 국가보다 신용 위험이 높은데도 모두가 낮은 금리를 감수하고 맡긴다는 것은 정말로 이해할 수 없는 일이다.

지금은 국채도 그렇게 이율이 높지 않지만, 10년 국채에 1.8% 정도 되므로 10년 후에는 약 1.2배가 된다.

달러 기준 채권을 일정 비율 갖고 있으면
리스크가 분산된다

2006년에는 세계 국채라 불리는 해외채권이 유행했었다. 이는 이율이 매우 높았기 때문이다. 세계 국채는 리스크가 매우 높은 나라에서 운용하거나 분매금이 이율보다 높은 경우가 있는 등의 문제가 있다고 볼 수 있다. 하지만 이율이 높은 상품이라면 리스크가 높아도 고객은 구입한다는 걸 여지없이 드러내는 경우라고 본다.

달러 기준 채권은 5%의 이율이므로, 달러 기준 자산을 만들어두고 그대로 보유만 하고 있어도 된다. 미국 채권을 사두면 달러가 반 가격이 되는 일은 없을 테니 어느 정도 엔고 현상이 일어나더라도 이익은 회수할 수 있다.

외화 예금보다 외환 증거금 거래가 유리

외환 증거금 거래도 금리차가 중요하다. 예를 들어, 1달러의 외화를 구매하면 하루에 대개 1.5전씩 엔이 올라가더라도 스왑 포인트(Swap Point)라는 이자가 발생하므로 잔액이 0이 된다.

따라서 1달러를 117엔에 샀다고 가정했을 때 이는 1년 걸려 112엔이 되었다 하더라도 금리분에서 겨우 본전이 된다. 만약 운 좋게 117엔에서 멈췄다면 5엔이 이익이 된다. 130엔이 된다면 양쪽으로 이익을 낼 수 있다.

이처럼 리스크가 있는 상품은 증권회사에 계좌를 개설하여 증거금을 맡겨두고 구입하는 형식이다. 외화 예금이라면 한쪽에서 30전, 50전의 수수료가 붙으므로 외환 증거금 거래를 이용하거나 스스로 미국 채권을 매입하는 편이 유리하다.

주식을 처음 시작할 때에는 주식형 펀드 등 간접 투자 상품을

주식을 처음 시작할 때에는 리스크가 적은 주식형 펀드 등 간접

자산운용, 공부한 내용이 수입에 직결된다

투자 상품을 추천한다. 이 경우, 별도로 주식을 선택할 필요가 없다. 게다가 시장과 같은 수준의 상승폭은 확보되므로 리스크가 분산된다.

일반적으로 투자상품의 매입 시에 연간 1.2% 정도의 수수료가 소요된다(한국의 경우: 국내 펀드 연 평균 2~2.3%, 해외 펀드 연평균 2~3%). 주식형 펀드 등 간접 투자 상품은 수수료가 적게 들고 매매 시에도 수수료를 물지 않는 상품이 많다.

투자신탁은 증권회사에 계좌를 개설하는 것으로 구입할 수 있지만 최근에는 은행이나 우체국 창구에서도 살 수 있게 되었다. 다만 은행 창구 매매의 경우, 투자신탁은 수수료가 비싸서 온라인 증권회사 등을 통해 매입하는 편이 같은 상품이라도 이득이다.

모처럼 이런 내용을 알게 되었으니, 직접 인터넷을 검색해서 요금을 비교하고 더욱 자세히 알아보자.

일반 주식은 데이 트레이딩이 아니라
배당금을 노리고 조금씩

일반 주식의 경우는 무조건 단기간에 벌어 리스크를 최소화하는 것이다. 실패하는 이유는 대부분이 이를 지키지 않기 때문이다. 주가 인상보다는 배당금을 노려서 조금씩 하는 사람이 결국에는 이익을 창출한다.

반면, 공격적인 투자자들은 그다지 인기가 없는 가치주를 중심으로 사들이고 성장이 기대되는 성장주는 오히려 피하는 경향이 있어, 서로 다른 특징을 보이기도 한다.

따라서 신흥 인터넷기업이나 바이오주를 매입하는 것보다는 배당 이익만으로 2%가 되는 주식을 사는 편이, 착실히 벌어들일 수 있는 지름길이다.

여유 자금의 3분의 1, 우선은 보너스로 시작하자

운용자금의 기준으로는 여유 자금의 3분의 1 정도, 능숙해지면 2분의 1 정도 이상을 시도해보자. 먼저 반드시 분산투자할 것. 전부를 몽땅 국채로 하지 말고 외국 상품이나 일본 상품, 국채나 주식 등 균형 있게 매입하라는 뜻이다. 이게 번거롭다는 사람을 위해 균형형 투자신탁도 나와 있다.

자금운용을 하면 자본을 굴린다는 게 어떤 건지, 자본시장의 원리를 알게 된다는 장점 외에도, 자신의 돈을 사용하면서 경제 분야에 대한 공부 의욕이 생긴다는 장점도 따른다.

처음에는 월 3,000엔의 돈으로 주식에 투자해 본다. 중요한 것은 실제로 직접 해보아야 한다는 것이다. 이렇게 하면 금융 상품별로

자산운용, 공부한 내용이 수입에 직결된다

수수료가 다른 점이나 경제의 흐름, 일본은행 총재의 발언 등에 민감해질 수밖에 없다.

다만, 초기에는 대부분 실패할 확률이 높기 때문에 손해를 봤다고 포기하지 말고 꾸준히 공부를 지속해나가자. 가격이 내려갔다고 해서 무작정 해약하지 말 것. 또 5년, 10년 단위의 장기 투자라는 것을 잊지 말자.

17

일정표에 앞으로의 계획을 적어보자

마지막으로, 내일부터 실천할 내용을 정리해보자

마지막으로, 내일부터 실천할 내용을 정리해보자

가장 먼저 노트북을 구입하라.

경제 신문을 구독하라.

앞으로의 공부 계획을 세워라.

지나치게 자세히 할 필요는 없다. "2개월 이내에 부기 3급을 취득한다"는 등의 목표를 세워 거기에 맞춘 일정표를 짠다.

만약 자격 시험을 준비한다면 "이번 일요일에 서점에 가서 관련 서적을 찾아본다"와 같이 자신의 행동의 계기가 될 만한 일들을 일정표에 써놓고 예정을 세운다.

그 밖에도 조금 장기적인 것이 되겠지만 스스로 책을 써보는 것도 매우 효과적인 목표이다. 책을 쓰기까지는 대단히 고도의 능력을 익혀야 하기 때문이다.

다시 한 번 강조하지만 "자신의 의지로 어떻게든 되겠지"라든가, "한가해질 때 해야지"라는 생각은 일찌감치 버려라. 분명히 아무것도 이뤄지지 않는다.

처음에 할 일을 결정하고 강제적으로 언제 할지를 일정표에 확실히 기록해 놓아라. 그러고 나서 그 계획을 꾸준히 실천해나가는 것이다. 단, 전부 한 번에 실천하려고 생각하면 무리가 되므로, 그 중에서 정말로 자신이 가능하다고 생각하는 것을 최소한 2개, 3개 해보아서 1개씩 공부의 성과를 실감해나가면서 진행한다.

예를 들어, 취업시장에서 자신의 등급이 향상되고, 자격 시험에서 높은 급을 취득하며, 보너스가 상승하고 상사에게도 높은 평가를 받는 등, 사소한 것이라도 공부의 성과가 자신에게 돌아온다는 것을 실감하게 된다.

정직하고 꾸준히 실천해나가면 성과가 나오기까지 3개월도 안 걸린다. 특히, 지금까지 공부를 소홀히 했던 사람이라면 3개월 이내에 상당히 변할 것이다. 나름대로 공부를 해왔던 사람도 6개월 정도면 기초 실력이 탄탄해지고 돌아오는 성과가 전혀 달라질 것이다.

우선 3개월부터 6개월까지 꾸준히 공부를 지속해나가는 구조를 만들어보자. 공부는 다이어트와 같아 처음에 의욕이 생겨 의지를 불태워도 결국 지속하지 못하고 도중에 싫증이 난다. 이를 미연에 방지하기 위해 도중에 반드시 진척 상황을 확인하고, 블로그에 써놓고, 스스로 외부에 선언을 하고, 함께 할 동료를 찾아 서로 서적이나 오디오북 등에 대한 정보를 교환하는 등, 공동 학습법을 시도하는 것도 공부를 지속하는 비결이다.

또한 회사에서 학습을 강요한다면 이 기회에 집중적으로 공부를 하는 것도 하나의 방법이다. 회사 규칙상 영어 공부를 해야 하는 경우라면, 아침 라디오 영어회화를 듣는 사람은 많겠지만 이것만으로는 공부의 양이 너무 적다.

정말 TOEIC 점수를 올리고 싶다면, 본문에서 설명한 것처럼 집중적으로 출퇴근 시간을 전부 영어 공부에 쏟는다. 그것도 하루에 2시간 한다고 치면, 1,000시간을 해야 하므로 총 500일이 소요된다. 주말에도 시간을 투자해서 1,000시간을 하루 빨리 마칠 수 있도록 다짐하라.

당부할 점은(이 책을 읽는 사람은, 이 책 이외에도 공부법에 대한

일정표에 앞으로의 **계획**을 적어보자

책들을 꽤 사본 적이 있으리라 생각하지만) 공부법 관련서를 사서 단지 읽어보는 것만으로 끝내는 경우가 많은데, 한 가지라도 좋으니 내일부터 당장 실천하라는 것이다. 이 책에 나와 있는 것을 실천하지 않을 것이라면 공부법 관련서는 앞으로 읽지 마라.

반복해서 강조하지만, 심야에 공부하거나 아침 일찍 일어나는 것은 수면 시간이 줄어들어 오랫동안 지속하기 힘들고, 뇌 건강에도 좋지 않다.

크게 무리하지 않는 범위 내에서 현재의 생활 리듬을 깨지 않고 공부할 수 있는 시간을 조금씩 만들어간다. 지금까지 텔레비전을 보던 시간을 공부 시간으로 돌린다거나, 총 활동 시간은 바꾸지 말고 공부하는 시간을 위해 다른 시간을 줄여라.

공부 시간 확보 요령은 중요하지 않은 시간을 활용한다는 점이다. 그렇게 하지 않고 현 상태에서 무리하게 공부 시간을 늘리면 며칠간은 지속될지 몰라도 수개월이 지나면 다시 원상태로 되돌아간다. 새로운 것을 시도할 때에는 덧셈이 아니라 '덧셈 뺄셈'을 해서 전체의 균형을 조정해야 한다.

이런 맥락에서 귀로 하는 공부는 추천할 만하다. 우선 오더블과 계약을 하거나, 오더블이 부담스럽다면 아마존 등에서 적당한 CD를 사서 시도해 본다. 최근에는 MP3도 저렴하게 구입할 수 있는 기종

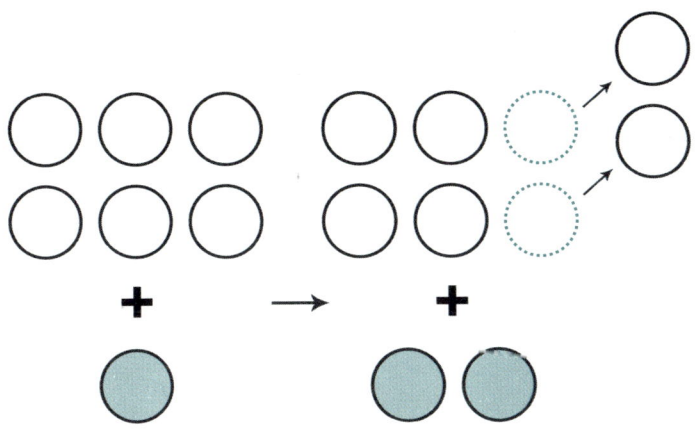

연봉을 10배 향상시키는 비결 ㉑

새로운 것을 시도할 때에는 덧셈이 아니라 '덧셈·뺄셈'을

이 출시되어 있다. 만약 MP3를 갖고 있지 않더라도 휴대용 MD플레이어가 있다면 활용하라.

이 책이 다른 공부법 관련 서적과 크게 다른 점은 설비에 투자를 한다는 발상이다. 기계든 기초 훈련이든, 초기에는 다소 비용이 들더라도 공부를 꾸준히 지속하는 구조를 만드는 것이 중요하다.

나는 공부 내용보다는 구조나 방법에 대해서 각각 구체적으로 설명했다. 반드시 내가 제시한 방법이 독자들에게 모두 부합하지는 않

일정표에 앞으로의 계획을 적어보자

을지 모른다. 자신이라면 어떻게 공부를 지속해나갈 수 있는지를 생각해보고, 자신만의 독자적인 방법과 구조를 만들면 그것이 바로 자신의 공부법이 되는 것이다.

어떤 방법이든 지속하는 것이 가능하다면 크게 틀리지 않는 한 성과는 향상되기 마련이다.

컨설팅 용어에서, Why, What, How라는 것이 있다. 문제 해결에는 왜, 어떤 목적으로, 구체적인 방법이 필요하다는 말이다.

이를 공부에 적용해보면 특히 Why와 What이 중요하다. 시중에 나와 있는 대부분의 공부법 관련서는 How에는 충실하지만, 그 전제가 되는 "왜 공부를 하는가(Why), 무엇을 목적으로 공부하는가(What)"가 불명확하기 때문에 사소한 'How론' 만 잔뜩 거론하는 것이다. 결국 공부법에 대한 '잡학' 으로 끝나버리기 십상이다.

하지만 구체적인 방법론만 강조하는 서적은 특정 상황에서, 특정 능력을 지닌 사람이, 특정 공부를 할 때에만 도움이 된다. 즉 적용이 불가능하다는 말이다. 이보다는 광범위한 공부에도 응용 가능한 구조를 만들어나가는 것이 효과적이다.

자격 시험을 준비할 때, 공부 내용에 대한 자세한 방법론을 익히기보다는 먼저 자격 시험의 신청 날짜를 정한 뒤 그 다음의 계획을 세워본다. How는 여기에서부터 계산해서 이 책에 나와 있는 내용을 참고하여 자신이 결정해나가자.

자산 운용도 마찬가지다. 구체적으로 주식투자를 하기 위해 "어떤 사이트를 보고, 이렇게 공부하자"라는 것보다는, 먼저 스스로 증권사에 계좌를 개설하고, 투자신탁이나 주식을 매매해서 어느 정도 실패의 쓴맛도 보면서 직접 몸으로 부딪혀가며 배워나가는 구조를 만들어보자.

이제 이 책을 덮고 공부 계획을 세워보자

만일 아직도 노트북을 갖고 있지 않다면 당장 구입하라. 갖고 있다면 필요한 정보부터 수집하라.

수입의 5~10%를 공부에 투자하는 것부터 시작하여, 매년 연봉을 20% 이상 올리는 순환구조를 이뤄나가면서 경제적 자유를 손에 넣어보라.

걱정할 것은 하나도 없다. 의지력에 의존하지 말고 확실한 구조를 만들어놓으면 공부는 반드시 지속해나갈 수 있고 성과도 나온다. 필요한 것은 의지가 아니라 구조와 설비에 대한 투자이다.

자, 이제 새로운 미래를 위해 힘찬 첫걸음을 내딛어 보자.

공부에 필요한 도구

노트북

"약간 비싸도 가볍고 튼튼한 기종을 선택하라"

기종은 일단 가볍고 튼튼한 것이 좋다. 내 주변 사람들은 대부분 마츠시타전기의 '렛츠 노트'를 소유하고 있다. 이 기종이 가장 가볍고 튼튼하기 때문이다. 노트북은 들고 다녀야 하기 때문에 고장이 잘 난다. 물론 렛츠 노트도 고장은 나겠지만 같은 기능이 있는 다른 기종에 비하면 훨씬 튼튼하다. 렛츠 노트는 모든 기종이 1kg 정도에 불과하고 많은 낙하 실험을 거쳐서 출시되기 때문에 웬만해선 고장이 나지 않는다. 그래서 처음에는 IBM이나 SHARP, SONY 등을 사용하던 사용자들도 노트북을 교체할 때에는 렛츠 노트로 바꾸는 경우가 많다. 참고로 필자는 W2, T4, Y5 등 모두 세 개의 렛츠 노트북을 갖고 있으며 용도에 따라 각각 구분해서 사용한다.

그런데 이렇게 장점이 많은 렛츠 노트가 노트북 시장에선 왜 부진을 거듭하고 있을까? 그 이유가 바로 비싼 가격 때문이다. 같은 기능을 가진 타사 제품에 비해 3만 엔~5만 엔 정도 비싸다. 같은 기능이라면 대부분의 사람들은 무게와 관계없이 가격이 싼 제품을 구입하려는 경향이 있다. 그래서 렛츠 노트가 덜 팔리는 것이다.

노트북은 한 번 구입하면 대개 3~5년은 사용할 수 있으므로 1개월의 경비로 계산한다면 그 차이는 아주 소액에 불과하다. 하지만 튼튼하고 가벼운 것이 아니면 결국 사용하지 않게 된다. 주변에 컴퓨터를 능숙하게 활용하는 사람이나, 일을 효율성 있게 처리하는 사람이 사용하는 컴퓨터 기종을 유심히 살펴보라. 놀랄 정도로 모두가 렛츠 노트를 사용하고 있을 것이다.

사실 렛츠 노트는 원래 업무용으로 개발된 것이기에 불필요한 소프트웨어가 내장되어 있지 않다. 이 때문에 MS오피스를 포함하여 필요한 소프트웨어를 자신이 직접 설치해야 한다. 이는 'IT 기술'을 활용하기 위한 좋은 기회가 된다. 따라서 IT 공부도 할 겸 일단 시도해 보기 바란다.

"통신 카드와 무선 랜으로 항상 접속한다"

노트북은 신문 대신에 뉴스를 읽거나 관심이 있는 키워드가 있으면 바로 그 용어를 검색할 수 있다. 흥미로운 책을 발견하면 잊기 전에 바로 주문할 수 있다. 이렇듯 노트북은 광범위하게 활용할 수 있어 공부할 때 든든한 조력자가 된다.

그러기 위해서는 항상 검색이 가능하도록 접속해 두어야 한다. 나는 PHS의 통신 카드와 무선 랜의 겸용을 강력히 추천한다. 이렇게 하지 않고서도 USB 케이블을 이용해 휴대전화에 연결할 수 있지만, 이는 다음의 두 가지 이유 때문에 공부를 지속하기 어렵다.

첫째는 통신요금이 비싸서 어느새 수천 엔에서 수만 엔이 되어버리기 때문이다. 그래서 가능하면 아껴서 사용하게 된다. 두 번째는 연결하기가 번거로우면 웬만해선 사용하지 않게 된다는 점이다. 사람이란 대개 여러 단계를 거쳐야 한다면 무의식적으로 점점 그런 상황을 피하게 된다. 주머니에서 휴대폰을 꺼내 가방에서 USB 케이블을 빼서 연결해야 한다. 이것만으로도 통신은 귀찮아지고 번거로워져서 연결하기 싫어지게 된다.

이보다는 PHS(윌콤) 등의 통신 카드를 컴퓨터에 항상 접속해 둔다. 월 3,000엔 정도면 사용할 수 있기 때문에 이 정도는 투자해야

한다. 비싼 노트북을 장만해놓고 통신비를 아끼려고 쓰지 않는 것이
야말로 낭비가 아닐까.

"무선 랜으로 어디에서나 나만의 서재를"

최근에 출시된 노트북에는 대부분 무선 랜 기능이 내장되어 있다.
따라서 노트북을 구입한 후에는 계약한 ISP의 서비스를 사용하기만
하면 된다. 예를 들어, 필자가 사용하는 @nifty에서는 NTT 사가 제
공하는 HOTSPOT이라는 서비스를 월 1,400엔에 제한 없이 사용할
수 있다. 그밖에 1분당 8엔 하는 서비스를 선택적으로 추가할 수도
있다.

2007년 3월부터 도쿄의 지하철역에는 HOTSPOT의 무선 랜이 연
결되어 있다. 일하는 짬짬이 20~30분 정도 시간이 생기면 커피숍에
가는 대신 지하철역에서 무선 랜으로 컴퓨터를 사용하여 공부할 수
있게 된 것이다. 역 앞에 있는 상점이나 자판기에서 음료수를 사들
고 지하철역으로 가서 공부하는 것이다. 게다가 요즘에는 맥도날드
를 비롯한 패스트푸드점이나 커피숍 등 무선 랜이 연결된 상점도 많
아졌다.

MP3 플레이어

"소 니의 USB에 직접 연결하는 타입의 MP3를 USB 메모 리로 "

USB에 직접 연결하는 타입의 MP3 플레이어는 USB 메모리 역할도 한다. 그래서 나도 자주 애용한다. 노트북이 있는 경우 어디에서든 충전할 수 있기 때문에 매우 편리하다. 나는 이러한 MP3 플레이어를 여러 가지 용도로 활용한다. 그 중 하나가 컴퓨터에 CD를 복사하여 전송하는 데 주로 사용한다.

기계가 세 가지 있으면 전지가 한꺼번에 닳을 염려는 없기 때문에 자투리 시간이 생기면 무엇인가를 듣게 되어 시간을 낭비하지 않는다. 각각의 제품들은 겨우 수십 그램이기 때문에 문고본 책보다도 가볍다. 그리고 몇 십 권 분량의 정보를 들을 수 있다. 교재들은 CD 그대로 넣어 두지 말고 MP3나 MD에 저장해서 듣는 습관을 익혀라.

"크 리에이티브 라보 의 MP3는 'Audible'용 으로 "

크리에이티브 라보의 제품은, '오더블Audible' 이라는 해외 오디오북의 다운로드 사이트를 위해 사용한다. 오더블은 해외 사이트이기 때문에 일본 상품 중에는 호환되는 상품이 적다. 하지만 이 제품은 20g

이 채 안 되기 때문에 휴대하기에 매우 편리하다. 참고로 오더블은 최근 iPod으로도 호환된다.

헤드폰
"좋은 헤드폰을 사용하라"

MP3나 MD를 사용하는 데 있어서 헤드폰이야말로 매우 중요하다. 헤드폰은 가능하면 비싸고 좋은 것을 구입하라. 특히 줄이 감기지 않는 것이 좋다. 또 시끄러운 지하철이나 길거리에 있을 때, 음량이 작아도 정확히 들리는 것을 구입하라.

대표적으로 '노이즈 캔슬링'이라는 헤드폰이 있는데 이는 잡음과 반대 주파를 보내서 지하철 안에서도 듣기 쉽도록 고안된 헤드폰이다. '커널 형'(일반 헤드폰에 비해 귓속에 더 깊게 들어가는 헤드폰)이라 불리는 귀 모양을 한 헤드폰도 있다. 커널 형은 익숙해지는 데 약간 시간이 필요하지만 일단 사용하면 귀에 쏙 들어가기 때문에 잡음을 차단해 주면서 작은 음량으로도 듣는 것이 가능하다.

하지만 노이즈 캔슬링과 커널 형 헤드폰은 가격이 꽤 비싸다는 단점이 있다. 어느 쪽도 가장 싼 것은 1만 엔 정도이며 비싼 것은 4만 엔 정도 한다. MP3 플레이어보다 비싸다고 생각하는 사람도 있을

테지만, 투자를 해야 성과를 올릴 수 있다는 사실을 잊지 마라. 투자를 해서 공부를 지속하는 환경을 만드는 것이 더 중요하다. 부속품으로 딸려 나온 것이나 3천 엔 정도의 값싼 헤드폰은 소음이 심하고, 가방이나 주머니 안에서 줄이 얽혀 결국 잘 사용하지 않게 된다. 처음부터 잡음이 들리지 않고 코드도 얽히지 않는 헤드폰을 사는 편이 훨씬 더 합리적이다.

도구의 중요성은 도구의 절대 액수가 아니라 도구를 산 다음에 그것을 어떻게 사용하는가에 달려 있다. 예를 들어 두 배의 금액을 지불했다 해도 사용하는 시간이 다섯 배 이상이 되면, 투자 대비 효과가 높은 것이다.

엄지손가락 쉬프트

나는 엄지손가락 쉬프트 법을 활용한다. 물론 로마자 입력이나 가타카나 입력으로 능숙하게 타자를 치는 사람도 있다. 또한 우리의 손가락 중에서 가장 유용한 가운데손가락을 사용한 쉬프트 입력 방법도 있다. 어떤 방법을 사용할지는 속독술과 마찬가지로 여러 가지를 써보고 자신에게 맞는 방법을 찾으면 된다.

평균적으로는 약 20시간 정도의 훈련으로 로마자 입력 속도보다 빨라진다. 나도 약 3일 정도가 걸렸다. 또한 전용 키보드나 에뮬레이터(Emulator: 어떤 하드웨어나 소프트웨어의 기능을 다른 종류의 하드웨어나 소프트웨어로 모방하여 실현시키기 위한 장치나 프로그램)도 시판되어 있기 때문에 대부분의 컴퓨터에서 사용할 수 있다.

여담이지만, 내가 렛츠 노트를 애용하는 까닭은 엄지손가락 쉬프트의 에뮬레이터를 입력했을 때, 비교적 무난히 입력이 가능하기 때문이다. 이는 스페이스 키의 크기와 변환 키, 무변환 키 등의 배치에 따라 좌우된다.

"엄지손 가락 쉬프트 는 로 마자 입력보 다 1.6배 빠르 다"

나는 17년 동안 엄지손가락 쉬프트라는 입력 방식을 사용해 왔다. 이 방법을 활용하면 학습 효과가 눈에 띄게 올라간다. 이 때문에 로마자 입력이나 가타카나 입력 방식은 할 줄 알아도 그다지 사용하지 않는다. 나는 증권분석가로 근무할 때 곧잘 방대한 양의 리포트를 작성하곤 해서 주위 사람들을 놀라게 했다. 그 비결은 바로 엄지손가락 쉬프트 방법이었다.

엄지손가락 쉬프트는 1980년경에 후지쯔의 오아시스라는 워드 프로그램에 설치된 이후로 현재는 NICOLA라는 컨소시엄(복수의 기업

협동체)으로 공통화되었다. 가타카나로 입력을 해도 홈포지션으로 대부분의 키를 칠 수 있다는 점이 특징이다. 그 비결은 메인의 3단 키워드에 두 개씩 가타카나를 할당하여 엄지손가락을 쉬프트 키로 사용하는 것이다. 탁음, 반탁음도 타자 한 번으로 칠 수 있도록 고안되었다.

예전부터, 워드 프로그램에서는 엄지손가락을 쓰는 사람이 빠른 속도를 내는 것으로 알려져 있었다. 그 이유는 로마자 입력에 비해 타자 수가 대개 60%에서 끝나기 때문이다. 그러므로 이론적으로도 로마자 입력을 사용하는 사람의 1.6배의 속도로 입력이 가능하다는 계산이 나온다. 이는 손으로 쓰는 것보다도 압도적으로 빠른 속도이다.

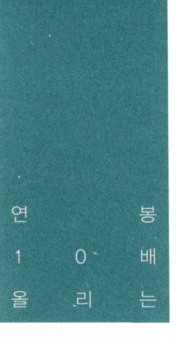

연 봉
1 0 배
올 리 는

맺음말

공 부 법

내 주위에는 의욕이 있어서 열심히 노력을 하는데도 좀처럼 성과가 오르지 않아 고민하는 사람이 많다. 그래서 갖가지 공부법이나 성공법 관련 서적을 읽고 있지만 명쾌하게 단서를 알려주는 책이 없다는 사람들이 매우 많다. 지금 이 책을 펼친 독자도 그런 사람들 중의 한 명일지 모른다.

나는 이런 고민을 가진 사람을 위해 이 책을 저술했다. 그동안 나는 본인의 졸작인 〈인디로 가자!〉의 질문 코너나 각종 강연회에서의 질의응답, 회사 후배들의 지도 등을 통해 다양한 상담을 받으면서 한 가지 공통점을 발견했다. 그 공통점은 성과가 나오지 않아서 고민하는 사람은, '공부의 노하우' 그 자체가 습관화되어 있지 않기 때문에 노력의 효율이 낮을 수밖에 없다는 결론이었다.

나는 지금까지 회계사, IT, 영어, 금융 등에 관한 전문가 수준의 지식을 단기간에 습득했다. 이 능력을 활용하여 지금은 일을 하면서 다양한 활동(대학원 박사 과정, 투자자문회사 경영, 책 집필, 신문이나 잡지에 칼럼 게재, 정부기관 전문위원, 워킹맘 및 예비 워킹맘 여성들을 위한 인터넷 사이트 운영, 세 명의 딸 양육)을 병행해 왔다.

주변 사람들은 나에게 "도대체 잠은 언제 자나요?"라고 곧잘 묻는다. 하지만 이 책에 소개한 '공부법'을 제대로 실천한다면 시간 관리 때문에 곤경에 빠질 일은 거의 없다. 새로운 것을 습득하는 데 있어 시간은 걸리지 않으면서도 성과를 내는 속도는 빨라지기 때문이다.

이 밖에도, 공부법을 제대로 실천하고 있는 주위의 지인들도 큰 도움이 되었다.

- 불과 1년 남짓한 독학으로 한 번에 사법시험을 합격하고 현재는
  투자은행업을 하는 A.

- 회계사 시험 합격 후, 회계사 대신 계량경제학 교수가 된 B.
- 도쿄대 법학부에 한 번에 합격하고 우수한 성적으로 도쿄대에 남은 C.
- 미국에 있는 대학을 단기간에 졸업하고, 두 전공 학위를 취득, 영어와 이탈리아어에 능숙한 D.

이들의 공통점은 모두 공부벌레 타입이 아니라는 것이다. 모두가 콘서트 관람이나 오페라, 암벽 등반 등과 같은 온갖 취미를 즐기며, 아이들도 기르면서 한정된 시간 내에 확실한 성과를 냈다.

그렇다면 이들의 성공 비결은 무엇일까? 뛰어난 성과를 낸 이들 모두의 공통점은 "기초를 철저히 배우는 공부 자세"였다. 이런 자세와 구체적인 노하우를 몸소 깨달으면서 나 역시 지속적으로 공부해 나갈 수 있었다.

나는 운 좋게도 주변에 이런 지인들이 있었기 때문에 이들이 공부하는 모습을 직접 보고 배울 수 있었다. 하지만 대부분의 사람들은 이런 기회가 적어 공부를 어떻게 해야 하는지 갈피를 못 잡는 경우가 많으리라 생각한다. 이는 일과 가정의 불균형에서 기인하는 것은 아닐까라고 생각해 본다.

주변 국가들과 마찬가지로 일본은 현재 저출산 현상 때문에 고민이 심각하다. 일본에서 저출산 현상이 생긴 원인을 외국의 현상과 비교해 분석하면, 다음과 같은 두 가지로 압축할 수 있다.

원인 1 : 일하는 여성이 아이를 낳고 일을 계속하기 위한 지원 구
　　　　조가 다른 나라에 비해 빈약하고 여성측의 부담이 높다.
원인 2 : 남성들의 육아, 가사 분담시간이 선진국 중에서 가장 낮
　　　　은 편에 속하고 남성들의 자녀양육 참여율도 저조하다.

원인 1과 2의 근본적 원인은 일본인의 장시간 노동에 있다. 일과 가정의 균형이 맞지 않으니까 아이를 낳을 여유도 없는 것이다.

그렇다면 왜 일본인은 장시간 동안 노동을 해야 하는가? 그것은 일에 대한 효율성이 낮기 때문이다. 2004년의 맥킨지 조사에 따르면, 자동차, 가전, 철강 등의 국가경쟁력이 있는 산업은 전체 산업의 13%에 해당한다. 이 업계의 효율은 미국과 거의 동등함에도 불구하고, 일본의 87% 이상의 노동자가 근무하는 내수 산업, 예를 들어, 소

매업, 건설업, 식품가공업 등은 미국 생산성의 60%에 미치지 못한다는 결론이 나왔다.

결국, 일과 가정의 균형을 맞추기 위해서는 장시간 노동을 그만두어야 한다. 그러려면 노농의 효율성을 높여야 한다. 이를 위해 제대로 된 기초 실력이 밑받침된 공부법이 해결의 실마리가 된다.

1년 전부터 디스커버 출판사의 호시바 사장으로부터 공부법에 대한 책을 써보지 않겠느냐는 권유를 받아왔다. 하지만 그 동안은 증권 애널리스트로서 업무가 바쁜 나머지 좀처럼 시작할 수 없었다. 그러다 2007년에 내가 독립을 하고, 이노구치 전 장관과 공동으로 저출산 관련 책을 집필하게 되었다. 정부의 '일과 생활의 조화에 관한 전문조사회' 위원으로 취임한 것을 계기로, 내가 실질적으로 저출산, 일과 가정의 균형에 대해 도움을 줄 수 있는 것은 무엇인지 생각하기 시작한 것이다. 그리하여 그 동안 내가 체험해온 공부법의 노하우를 공개하자는 결론에 이르렀다.

유감스럽게도 이 책에는 "즐겁게 놀면서 ○○이 가능하다"와 같은 기적적인 내용은 없다. 하지만 내가 몸소 겪었던 공부법의 비결을 모두 공개했다. 독자들이 이 책으로 인해 공부에 의욕이 생겨서, 효율적인 공부법이 습관화되어 연봉이 올라가고, 일과 가정의 균형을 이룬다면 이 책의 저자로서 무한한 행복을 느낄 것이다.

카츠마 카즈요

연봉 10배 올리는 공부법

1쇄 발행 2007년 11월 25일
3쇄 발행 2007년 12월 24일

지은이 카츠마 카즈요 · **옮긴이** 나지윤
펴낸곳 도서출판 **맑은빛 냄** · **인쇄** 삼화인쇄(주)
펴낸이 박승규 · **마케팅** 최윤석 · **편집** 김보미 · **디자인** 진미나
주소 서울시 마포구 동교동 203-4 함께 일하는 사회 빌딩 301호
전화 325-5051 · **팩스** 325-5771
등록 2004년 3월 12일 제313-2004-000062호
ISBN 978-89-92114-23-3 03320
가격 11,000원